南アジアの地形

中《ちゅう》華《か》人《じん》民《みん》共《きょう》和《わ》国《こく》
ラヤ山《さん》脈《みゃく》
ル
カトマンドゥ
ティンプー
ブータン
北回帰線
ガンガー川
バングラデシュ
ダカ
コルカタ
ハノイ
ミャンマー
ラオス
アラカン山《さん》脈《みゃく》
ネーピードー
ビエンチャン
マハーナディー川
タイ
ベトナム
カンボジア
バンコク
ベンガル湾《わん》
プノンペン
ホーチミン
アンダマン諸島《しょとう》
アンダマン海
マラバール海岸
ニコバル諸島《しょとう》
マレーシア
クアラルンプール
シンガポール
シンガポール
インドネシア
スマトラ島
90°
100°
110°
30°
20°
10°
0°

アジアの自然と文化⑤

綿・家畜からみる南アジア

［インド北部〜西部・パキスタン］

クリスチャン・ダニエルス＝監修

小西正捷＝著

小峰書店

もくじ

写真提供《ていきょう》—大村次郷《おおむらつぐさと》

*—写真撮影者《さつえいしゃ》について、とくに注記がないものは大村次郷《おおむらつぐさと》氏によるものです。

*—地名・人名などの読みは、現地《げんち》の読みに近いカタカナで表記しています。

*—記述内容《きじゅつないよう》との関連から、インド北部〜西部とパキスタン以外の写真も一部、掲載《けいさい》しています。

1 南アジアの内陸部 北部と西部の自然と人々

南アジアとは、どんなところ？

「南アジア」とはどこをさすのでしょうか？　東南アジアよりもっと西、インドをまんなかにして、その東西にとなりあうバングラデシュとパキスタン、また北のネパールとブータン、南のスリランカ、モルディヴを合わせた地域《ちいき》をさします。

この地域《ちいき》は、北はけわしいヒマーラヤ山《さん》脈《みゃく》によって中央アジア・北アジアとへだてられ、先史《せんし》時代以来、中国と並《なら》び立つ独自《どくじ》の世界をかたちづくってきました。その広さはヨーロッパ全土が丸ごと入ってしまうほどですから、当然、地域《ちいき》ごとに気候風土がまるで異《こと》なっていて、使われている言葉も風習も大きくちがうのです。

南アジアというと「インド」のイメージから、さぞや暑いところかと思われるかもしれません。たしかに50度を超《こ》す猛暑《もうしょ》のところもありますが、一年の半分は雪と氷に閉《と》ざされている北の地方もあるのです。また、年に100ミリ足らずしか雨が降《ふ》らない西部の砂漠《さばく》地帯もあれば、毎日雨が降《ふ》り続き、年に数千ミリにもなる北東の山地もあります。こうした極端《きょくたん》な気候風土のちがいから、生業や生活様式のちがいが生みだされ、この地域《ちいき》の複雑《ふくざつ》な自然と暮《く》らしぶりのちがいとなっているのです。

この巻《かん》では南アジアのうち、とくに北部から西部にわたる乾燥《かんそう》地域《ちいき》の暮《く》らしをみてみましょう。

上—風が描《えが》く紋様《もんよう》が美しい西インドの砂漠《さばく》（ラージャスターン州、インド政府《せいふ》観光《かんこう》局《きょく》提供《ていきょう》）。

上左—北西部では、ラクダかヤギ・ヒツジがおもな家畜《かちく》であり、富《とみ》の象徴《しょうちょう》としてその数が競われる。とくに乾燥地《かんそうち》で、長い道中の荷を運ぶにはラクダがふさわしい。より東方の平野部ではウシやスイギュウが大切にされる（インド・ウッタルプラデーシュ州）。

上右—インド北部の山岳《さんがく》地帯。冬は氷雪に閉《と》ざされた高山に囲まれ、夏であっても肌寒《はだざむ》いほどだ（インド・ヒマーチャルプラデーシュ州）。

右—北部山岳《さんがく》地帯の段々畑《だんだんばたけ》。山肌《やまはだ》を流れる雨水を効率《こうりつ》よく受け止める。ジャガイモやネギを植えている（インド・ウッタラーカンド州、著者撮影《ちょしゃさつえい》）。

[南アジアの地形]

南アジアは、その面積が日本の約12倍にも及《およ》ぶ広大な地域《ちいき》だ。山や川、平野がこの地域《ちいき》の気候風土にどのような影響《えいきょう》を与《あた》えているかをみてみよう。
この巻《かん》でおもに扱《あつか》う北部から西部にかけての地域《ちいき》は西アジアにとなりあう内陸部で、雨量は少なく、乾燥《かんそう》している。
一方、北東部には「世界の屋根」といわれるヒマーラヤ山脈《さんみゃく》がそびえ、中国との境《さかい》となっている。
この地域《ちいき》から流れ下る大河のインダス川やガンガー（ガンジス）川は、南にむかって広大な平野をつくり出し、肥《ひ》よくな土を運んできた。
こうした大河はモノや人、そして情報《じょうほう》を運ぶハイウェイとなってきたため、南アジアのおもな王朝がここに栄えた。
一方、大海に面した南の半島部では、海岸部に独自《どくじ》の文化が栄えた。

[南アジアの年間降水量《こうすいりょう》とおもな作物]

左の地図は地域《ちいき》ごとの雨量と降《ふ》る時期のちがい、右の地図は地域《ちいき》ごとのおもな作物をあらわしている。あわせて見てみると、やや乾燥《かんそう》し、冬に雨が降《ふ》る北西部をはじめとして、広くコムギが育てられていることがわかる。一方、南西部から東部にかけての海に近い地域《ちいき》では、コメや雑穀《ざっこく》が作られている。ことにコメには、夏場に海からの季節風がもたらす豊《ゆた》かな雨が欠かせない。このように南アジアは、気候の特徴《とくちょう》によって、コムギを作る地域《ちいき》と、コメを作る地域《ちいき》に大きく分かれている。「インドはカレーライス」と思われがちだが、じつは主食として広く食べられているのは、コムギのパンのほうなのだ(22ページも見よう)。

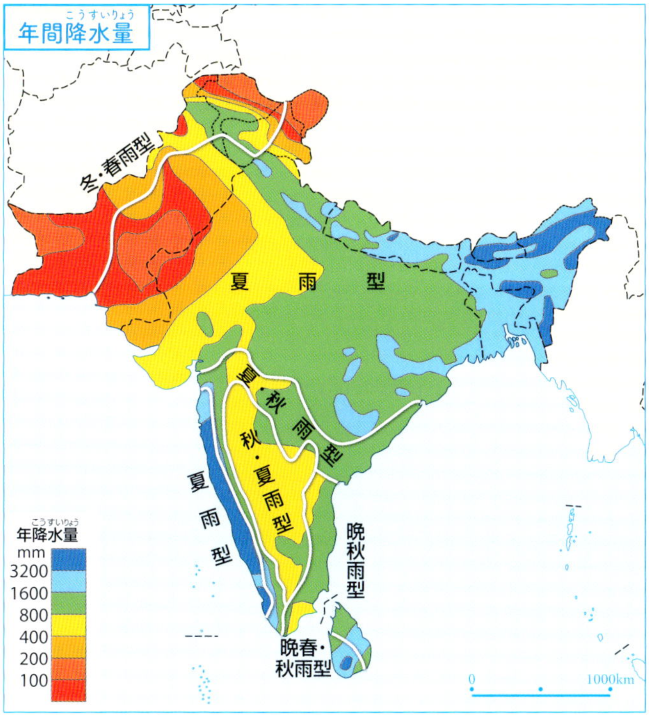

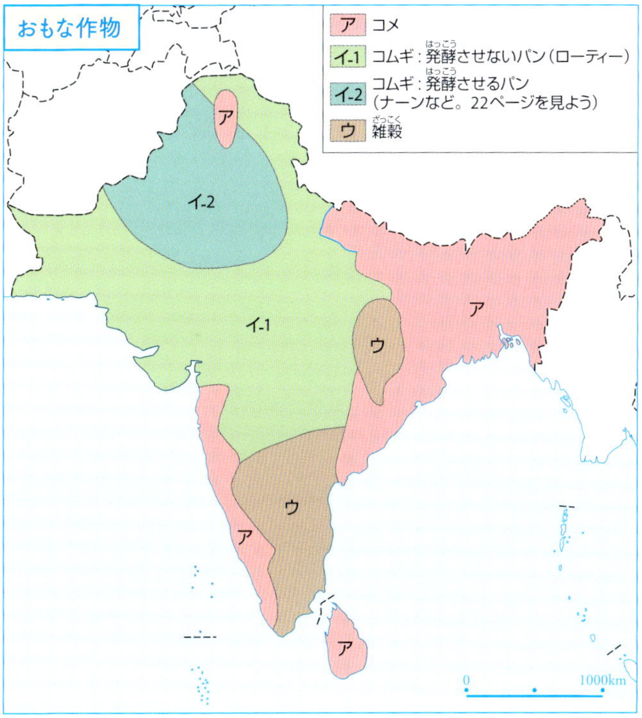

南アジアの暮《く》らしのルーツ

左―まるで月面のような
バローチスターンの山地。草木が
1本もない厳《きび》しい自然環境《かんきょう》だ。
上―大きな荷物を背《せ》に、
バローチスターンの荒地《あれち》を行く人。
右―バローチスターンの山の背《せ》や
谷を縫《ぬ》うようにして豪快《ごうかい》に走るSL《エスエル》。
路線がけわしいため、深い谷から
立ちあがる煙《けむり》しか見えない
(いずれもパキスタン・バローチスターン州、著者撮影《ちょしゃさつえい》)。

草木も生えない月面のような山地の風景です。南アジア世界の西端《せいたん》に横たわる、けわしいバローチスターン山脈《さんみゃく》を空から見たところで、そこから先は、もう西アジアのイランです。じつはこの山地に、この巻《かん》でおもに扱《あつか》う南アジア北部から西部の暮《く》らしの源流《げんりゅう》がひそんでいるのです。

いまから9000年も前、西アジアにおこった農耕《のうこう》と牧畜《ぼくちく》はこの山並《やまな》みを通じて南アジアに伝わり、やがてインダス川などの大河の流れる広大な平野部での農《のう》耕《こう》と牧畜《ぼくちく》が始まりました。

荒《あ》れた山肌《やまはだ》には、ひだのような切れ込《こ》みのある谷が見えますが、これは冬から春の短期間ながら多量の雨が降《ふ》る時期に、激《はげ》しく山を流れ下る鉄砲水《てっぽうみず》の爪《つめ》あとです。人々はこうした谷あいに石を積んで小規模《しょうきぼ》なダムをつくり、そこにたまった湿《しめ》った土に、コムギなどの種をまきます。このような雨にたよる農耕《のうこう》と、乾燥《かんそう》に強いヤギ・ヒツジ、あるいはウシの牧畜《ぼくちく》とをセットにした生業のありかたは「農牧《のうぼく》」と呼《よ》ばれて、南アジア西部から北部一帯に広がりました。さらにそれは、雨が多く、地味豊《ちみゆた》かな東部のガンガー(ガンジス)川流域《りゅういき》にも伝わって、やがて南アジアの代表的な暮《く》らしのかたちとなりました。

4月から9月にかけての厳《きび》しい夏と、それに続く長い乾季《かんき》は、水の確保《かくほ》をどうするかが大きな問題です。人々は、わずかな雨水でも池などにためて、農業や暮《く》らしに利用してきました。女性《じょせい》たちが大きなかめを頭に乗せて遠い井戸《いど》から水をくんでくるのは、村ならどこでもよく見られる風景です。

上2点―最も乾燥《かんそう》に強い家畜《かちく》はラクダである。ヤギやヒツジも
乾燥《かんそう》に強く、ほとんど枯《か》れ草に見えるような草でも驚《おどろ》くほど
多量にむさぼり食うため、過放牧《かほうぼく》といって、
村のまわりに乾燥化《かんそうか》をもたらすことにもなる
(いずれもパキスタン・バローチスターン州、著者撮影《ちょしゃさつえい》)。

下―人々ののどをうるおしてくれる真っ赤なザクロ
(パキスタン・ラーワルピンディ)。
この一帯から西アジアの乾燥《かんそう》地帯にかけては、
果汁《かじゅう》たっぷりのメロンも好まれる。

上―滑車《かっしゃ》のついたツルベで深井戸《ふかいど》から水をくむ少女
(パキスタン・ペシャーワル、著者撮影《ちょしゃさつえい》)。
右―ただでさえとぼしい緑も、生活のための伐採《ばっさい》で
徐々《じょじょ》に失われつつある。薪《たきぎ》を集めて家に運ぶのは
子どもたちの仕事だ(パキスタン・シンド州)。

左2点―西部も南のほうでは、たまに雨も降《ふ》ってむし暑い。
海岸に近い地方では海の風を取り入れるため、家の屋根に、
ななめに突《つ》き出した風取り窓《まど》(ハワーダーン)を設《もう》けている。
一種のエアコンだが、入ってくる風も暑いことは覚悟《かくご》の上。
たまらず、近くの水たまりではスイギュウが水浴びをしている。
下は風取り窓《まど》を家の中から見あげたところ(パキスタン・シンド州)。

家畜《かちく》にたよる暮《く》らし

上―力が強く丈夫《じょうぶ》なウシは、鋤《すき》を引いて畑を耕《たがや》したり、重い荷物を運んだりするのに大変重宝《ちょうほう》である。ことに背中《せなか》にコブのある白牛はインドに特有の種類だ（インド・ビハール州）。

左―スイギュウの乳《ちち》しぼり。スイギュウの乳《ちち》は濃《こ》いので、ヨーグルトを作るには最適《さいてき》（インド・ウッタルプラデーシュ州）。

右上―ラクダやウシと並《なら》んで、荷を運ぶ家畜《かちく》として役に立つのが、性格《せいかく》もおとなしいロバ。自分の体重より重い荷物を積んで、どんな狭《せま》い路地にも入っていく（インド・グジャラート州、著者撮影《ちょしゃさつえい》）。

南アジアでは、農業と牧畜《ぼくちく》がセットになった「農牧《のうぼく》」が特徴《とくちょう》であると先に述《の》べましたが、戦前の日本でも、農業と牧畜《ぼくちく》をともに行っていたところもありました。しかし日本の場合、農家が得る利益《りえき》のうち、牧畜《ぼくちく》によるものは１～２割《わり》にすぎず、乳牛《にゅうぎゅう》や食肉用とするほかは、荷を運ばせるか、耕作用《こうさくよう》として牛馬を飼《か》うのがせいぜいでした。

一方、南アジアでは、牧畜《ぼくちく》から得られる利益《りえき》の割合《わりあい》が半分かそれ以上にも及《およ》んでいて、なかでも乳《ちち》をしぼることが重要な目的です。意外なことに、肉を食べたり革《かわ》を取ったりするため、というのはむしろ例外的なのです。そこにはこの地域《ちいき》特有の「不殺生《ふせっしょう》」の考え方が働いているともとれますが、その背景《はいけい》には西アジアや中央アジアの遊牧《ゆうぼく》社会にも共通する考え方があるようです。

水や牧草を求めて移動《いどう》しながら暮《く》らす遊牧民にとって、家畜《かちく》は歩く貯金のようなものであり、それを殺してしまっては元金《がんきん》を失うにひとしい。それよりも、利益《りえき》としての子を生ませてふやし、乳《ちち》や毛を定期預金《よきん》の利子のようにいただきつつ暮《く》らすのがよい、と考えるのです。

やせた土地にしがみついて農耕《のうこう》をするよりは、牧畜《ぼくちく》はずっと効率《こうりつ》がよいのかも知れません。その意味で南アジアの西部から北部では、西アジアほど乾燥《かんそう》していない、インダス川やガンガー川のような大河の流れる肥《ひ》よくな平原部でさえ、その生業のようすには、農業と結びついたかたちではあれ、西アジアの遊牧社会の強い影響《えいきょう》が見て取れるのです。

上─放牧中のヒツジ(インド・ヒマーチャルプラデーシュ州、著者撮影《ちょしゃさつえい》)。
放牧中に子を産むが、その時期や頭数は注意深く管理されている。
中─生まれた子ヤギは定期的に開かれる市で売られる
(インド・ウッタルプラデーシュ州)。1匹《ぴき》の値段《ねだん》は日本円で1200〜1400円ほど。
右─子ヤギは新しい飼《か》い主によって大切に育てられる
(インド・ウッタルプラデーシュ州)。

パキスタン南部のシンド地方では、
5000年前とほとんど変わらない構造《こうぞう》の牛車が村道を行き来している
(パキスタン・シンド州、モエンジョ・ダロ遺跡《いせき》、著者撮影《ちょしゃさつえい》)。

下─水浴びするスイギュウ。耕作《こうさく》にも使われるが、
乳《ちち》を出すのがおもな役割《やくわり》(インド・ウッタルプラデーシュ州)。

あふれる言語と人口

南アジア全体の人口は約16億人、うちインドだけで12億人を数えますが、驚《おどろ》くべきことに、インドだけでもそこで話されていることばの数は数百、数えようによっては千を超《こ》すともいわれています。そのためインドでは、日本を含《ふく》めた他の多くの国のように「国語」を定めることをせず、ヒンディー語と英語を、ともに国の「公用語《こうようご》」としています。したがって、憲法《けんぽう》をはじめ、公文書《こうぶんしょ》などはすべてこの２言語で書かれています。さらに、インドだけで２ダース以上もある「州」は、その地域《ちいき》でひろく用いられているおもなことばを考慮《こうりょ》して決められていますから、人々は州の公用語も、また自文化のよりどころである地域的《ちいきてき》な民族語《みんぞくご》も、ともに学ばねばならないのです。

５ページで見た降雨量《こううりょう》と主食の地図をもういちど開き、それをここで、言語分《ぶん》布《ぷ》と人口密度《みつど》の地図に重ね合わせてみましょう。「農牧《のうぼく》」のところでお話ししたように、どこか西アジア的な暮《く》らしぶりがみられるこの広大な南アジアの北部は、いまから3000年以上も前に、中央アジアからイランを経《へ》て移動《いどう》してきたとされるいわゆる「アーリヤ」系の言語集団《げんごしゅうだん》(インド・ヨーロッパ語族《ごぞく》)の分布《ぶんぷ》と重なります。また、彼《かれ》らが歴史上も勢力《せいりょく》をふるった北の内陸部、すなわちガンガー川の平原部はもっとも人口密度《みつど》が高く、それだけこの地方の自然環境《かんきょう》も豊《ゆた》かであったことがわかるでしょう。このような自然の豊《ゆた》かさが、膨大《ぼうだい》な人口を育んできたのです。

上―インドの大都会の終着駅は、昼夜を問わず、各地から集まってきた人の群《む》れでわきかえっている(インド・ニューデリー)。
右―路上の店にも人が群《むら》がっていて、そこでは各地のことばが大声で交わされ、入り乱《みだ》れている(インド・オールドデリー)。
下右―北西パキスタンの都市・ペシャーワルで出会った5人の青年。それぞれがみな異《こと》なった民族に属《ぞく》し、言葉も風習もすべてちがう。こうした風景は、いかにも「文明の十字路」といわれるこの地らしい(パキスタン・ペシャーワル、著者撮影《ちょしゃさつえい》)。

インド全土で流通している10ルピー札。公用語のヒンディー語と英語のほか、15の言語で「10ルピー」と記されている(日本円で20円弱)。

[南アジアの言語]

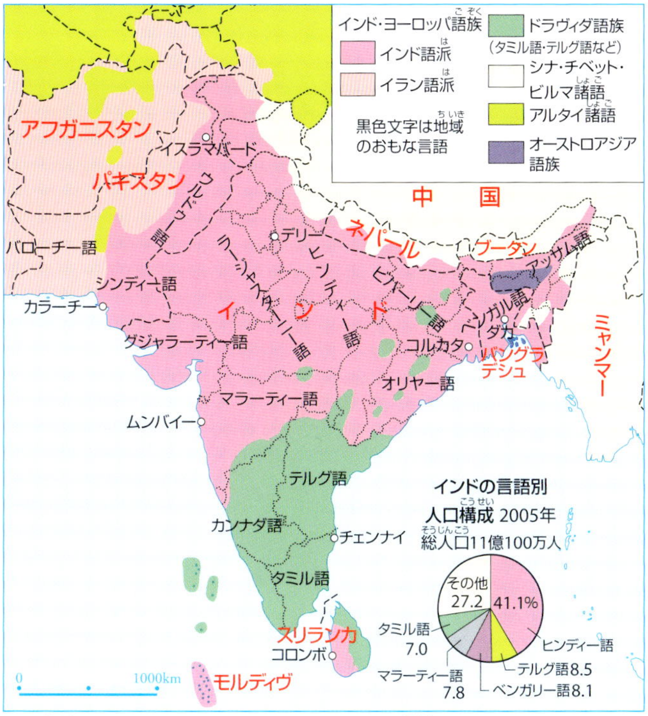

同じ祖先《そせん》をもつと考えられることばのグループを語族《ごぞく》という。
南アジア北部に広がるインド・ヨーロッパ語族は、
その名のとおりインドからヨーロッパにかけて分布《ぶんぷ》しており、
英語やドイツ語、フランス語なども含《ふく》まれる世界最大の語族だ。
ちなみに日本語は、他とはまったくちがう独自《どくじ》のグループに属《ぞく》すとされる。

[南アジアの人口密度《みつど》]

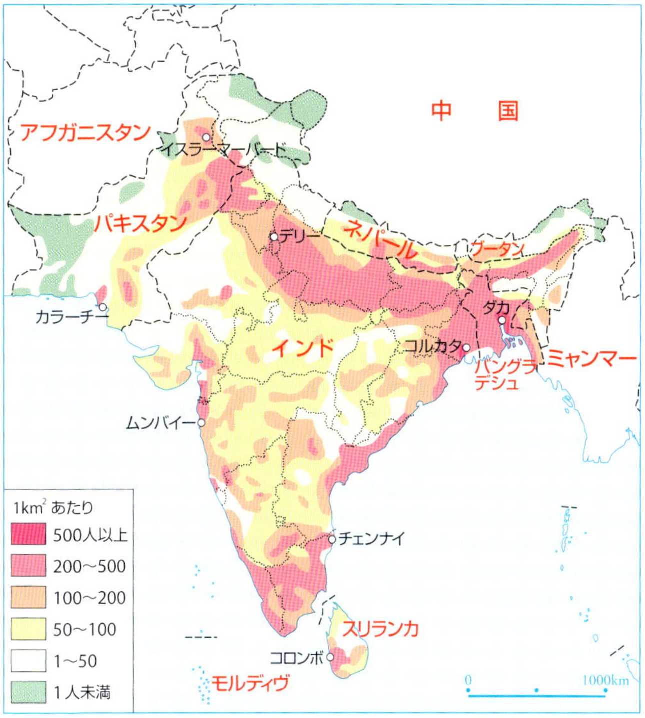

この地図を、5ページの地形の地図とも重ねてみよう。
南アジア北部から東部へと流れ下るガンガー川流域《りゅういき》の平原部に
人口が集中している。
6巻《かん》で扱《あつか》うインド南部の、海沿《そ》いの平野にも
たくさんの人々が暮《く》らしている。

【学ぶ子どもたち】

インドの学校では、まずは公用《こうよう》語《ご》のヒンディー語か英語のどちらかを、またパキスタンでは国語のウルドゥー語、バングラデシュではベンガル語を学びます。さらに彼《かれ》らは、各州ごとの公用語を学ばねばなりません。そのうえ家族や友だちのあいだでふつうに使うのは、また別のことばという場合もあります。それらの学習は結構《けっこう》な負担《ふたん》です。

しかし、そのせいもあってか、彼《かれ》らが他の言語を身につけるのは他国の人々に比《くら》べて格段《かくだん》に速いといわれています。確《たし》かに村などでは、いまだ識字率《しきじりつ》や就学率《しゅうがくりつ》が充分《じゅうぶん》でない南アジアですが、学校に通う子どもたちの表情は明るく、未来を担《にな》う活力が感じられます。

左上―校舎《こうしゃ》もないが、子どもたちは大木の木陰《こかげ》で熱心に学ぶ。授業《じゅぎょう》も複数《ふくすう》の学級あわせての合同だが、いたって開放的で、自然の中で学ぶ子どもたちの表情《ひょうじょう》も明るい（インド・ウッタルプラデーシュ州）。
右上―パキスタン西部、バローチスターン・ペシャーワル近郊《きんこう》の学校。子どもたちは木の板をノートとして使っていた。授業《じゅぎょう》のあとは、インクを水で洗い流してまた使う（著者撮影《ちょしゃさつえい》）。

さまざまな住まい

泥《どろ》の家

各地域《ちいき》特有の気候風土は、その地に住む人々の暮《く》らしのありかた、ことに衣食住のようすに大きく関わっています。ここでは地域《ちいき》ごとに異《こと》なる南アジア北西部の住まいを見てみましょう。それはまず、家の材料の違《ちが》いとして現《あらわ》れます。雨があまり降《ふ》らない乾燥《かんそう》した地域《ちいき》では、厚《あつ》い泥壁《どろかべ》でもって外からの熱気を防《ふせ》ぎます。屋根は傾斜《けいしゃ》のない平屋根で、昼はそこで作物を干《ほ》したり、夜はここで寝起《ねお》きしたりすることもあります。涼風《りょうふう》に吹《ふ》かれ、次第《しだい》に明けてゆく大空の下で目覚めるのも、実にいいものです。

同じ泥壁《どろかべ》の家でも、ことに雨の多い地方では、傾斜《けいしゃ》のある厚《あつ》いワラ葺《ぶ》きなどの屋根をどっしりと乗せますが、大雨や洪水《こうずい》にはやや弱いので、暮《く》らし向きに余裕《よゆう》があればレンガ造《づく》り、それも２階建てとすることもあります。泥《どろ》にせよ、その泥《どろ》からつくるレンガにせよ、いずれも多量に泥《どろ》を運んでくる大河流域《りゅういき》で豊富《ほうふ》に得られる素材《そざい》です。

一方、石材に富《と》んだ山岳《さんがく》地帯、また良質《りょうしつ》な木材が豊富《ほうふ》な森林地帯では、それぞれにその地域《ちいき》の特徴《とくちょう》にあわせた素材《そざい》の家を建ててきました。そこには当然、気温や湿度《しつど》も関係していて、乾《かわ》いた熱い風をさけるために、泥《どろ》レンガのブロックや石を積んだ壁《かべ》は厚《あつ》くつくり、窓《まど》は小さく開けて暑い外気を防《ふせ》ぎます。やや高地だとか海辺で涼《すず》しい風を入れようと思えば、木造建築《もくぞうけんちく》が好まれることになります。旅をしていてその地域《ちいき》の特徴《とくちょう》を最もよく感じることができるのが、こうしてまず、目に飛びこんでくる家の形です。

上―どっしりとしたワラ葺《ぶ》き屋根の農家（インド・西ベンガル州、著者撮影《ちょしゃさつえい》）。泥壁《どろかべ》は厚《あつ》く作れば意外に丈夫《じょうぶ》で、長い間の洪水《こうずい》で水につかるようなことでもなければ、くずれることもない。

中―乾燥《かんそう》した西部の砂漠《さばく》地帯の屋敷《やしき》（インド・ラージャスターン州、著者撮影《ちょしゃさつえい》）。外は耐《た》えきれないような猛暑《もうしょ》でも、厚《あつ》い土壁《つちかべ》の家の内部は暗く、ひんやりとしていて気持ちがいい。塀《へい》も厚《あつ》い土壁《つちかべ》でできていて、人々は家畜《かちく》とともに暮《く》らしている。

下―インド西部からパキスタンにかけて広がるカッチ湿原《しつげん》の少数民族の家。単純《たんじゅん》な円形で、厚《あつ》い泥壁《どろかべ》の上に、ワラやヤシの葉を円錐形《えんすいけい》に葺《ふ》いている（インド・グジャラート州）。

レンガの家

左―レンガの家は泥壁《どろかべ》の家より丈夫《じょうぶ》だし、見ばえもよい。
しかもこの家は2階建てで、
上のほうに開けた煙突《えんとつ》のような風取り窓《まど》から
アラビア海からの風を入れている(パキスタン・シンド州)。

石の家

左―ハヴェーリーと呼《よ》ばれる豪壮《ごうそう》な石造《いしづく》りの館。
ほとんど宮殿《きゅうでん》のようなつくりの豪商《ごうしょう》の邸宅《ていたく》で、
人目を引く(インド・ラージャスターン州、著者撮影《ちょしゃさつえい》)。
上―同じ石造《いしづく》りでも味のある北東部のナガ民族の家。
入り口には、かつての輝《かがや》かしい戦いの勝利を記念する
巨大な木碑《もくひ》が人を迎《むか》える(インド・ナガランド州、著者撮影《ちょしゃさつえい》)。

木の家

左―ヒマーラヤ山麓《さんろく》の街の、イギリス領《りょう》時代の
オフィス(36ページを見よう)。
石の土台、木造《もくぞう》の本体に
薄《うす》い板石《いたいし》(スレート)瓦《がわら》で葺《ふ》いた屋根が一体となって、
みごとな建築美《けんちくび》を見せている
(インド・ヒマーチャルプラデーシュ州、著者撮影《ちょしゃさつえい》)。

2 乾燥地《かんそうち》の食と暮《く》らし

コムギとマメとナツメヤシ

人の暮《く》らし、すなわち文化のうちで自然環境《かんきょう》に最も大きな影響《えいきょう》を受けるのは食に関するものでしょう。

この巻《かん》でおもに扱《あつか》う南アジアの北部から北西部にかけては、乾燥《かんそう》に強いコムギや何種類ものマメがさかんに栽培《さいばい》され、ことにマメ類は、貴重《きちょう》なタンパク源《げん》となっています。またアラビア湾《わん》(ペルシア湾《わん》)沿岸《えんがん》の地域《ちいき》では、やはり乾《かわ》きに強く、栄養価《えいようか》の高い実のなるナツメヤシも育てられています。

乾《かわ》いたこの地域《ちいき》では、農耕《のうこう》に必要な水を確保《かくほ》するために、さまざまな工夫《くふう》をこらした灌漑設備《かんがいせつび》が整えられてきました。近年では運河から効率《こうりつ》よく多量の水が引けるようにもなってきましたが、それでも基本的《きほんてき》には雨がたよりです。ため池を掘《ほ》ってそこに水をためることもありますし、井戸《いど》を掘《ほ》ったりすることも必要です。水が干上《ひあ》がってしまうことを避《さ》けるため、地下に水路を設《もう》けたりもします。なかでも乾燥《かんそう》したインド西部のラージャスターン地方やグジャラート地方などには、地下の深いところでやっと水面まで届く、長い階段《かいだん》で下る階段井戸《かいだんいど》もあり、その立派《りっぱ》なつくりは、まるで地下宮殿《きゅうでん》のようです。

いっぽう地上では、井戸《いど》の周りは水くみにきた女性《じょせい》たちのおしゃべりの場で、「井戸端《いどばた》会議」が大切な情報交換《じょうほうこうかん》の機会ともなっています。

左―たわわに実ったコムギの畑。
11月に種をまき、冬のあいだの生育を待って、やがて暑い夏(4〜5月)がくる前の3月には刈《か》り取ってしまう(インド・ウッタルプラデーシュ州)。
上―大粒《おおつぶ》のチャナ(ヒヨコマメ)は淡白《たんぱく》な味が好まれ、これだけでおなかを満たす人もいる(パキスタン・ラーワルピンディ)。
右―パキスタン・ラーワルピンディの店先に並《なら》べられたマメ。赤・黒・緑・黄色と、種類は実に多い。おもなものだけでもチャナ、ムーング、アルハルなど6〜7種類のマメがあって、それぞれ色も味も香《かお》りもちがうが、これらはまとめてダールと呼《よ》ばれる。しかし、日本にはよくあるダイズ、アズキ、エンドウなどがないのが不思議。マメ類を煮込《にこ》んだ汁物《しるもの》のこともダールと言って、日本のみそ汁《しる》のように、ほとんど毎食のように料理についてくる。

ナツメヤシ

右―びっしりと実をつけたナツメヤシを収穫《しゅうかく》するバローチスターンの男たち(パキスタン・バローチスターン州、松井健撮影《まついたけしさつえい》、『東洋文化』第80号より)。生食《せいしょく》もされるが、干《ほ》してさらに甘味《あまみ》を増《ま》したものが出荷される。

右端《みぎはし》―干《ほ》したナツメヤシを売るイスラーム教徒の店。干《ほ》し具合などで等級がつくが、実の栄養価《えいようか》は高く、15～16粒《つぶ》ほどの実でもって、1日分のカロリーがとれるともいう。干《ほ》したものは日本にも輸出《ゆしゅつ》されて、お好み焼きのソースに使われていること、知っていましたか?(インド・オールドデリー)

右中―大きく葉を広げた葉かげに、ブドウの房《ふさ》以上にたくさんの実をつけたナツメヤシ(© Abdulla Al Muhairi)。

灌《かん》漑《がい》

右上―水場からくんできた水は、真ちゅうの壺《つぼ》で家に運ぶ。かなりの重さであるが、バランスをとりながら毎日欠かすことなく家に運ぶのは女性《じょせい》たちの日課(インド・ラージャスターン州、沖守弘撮影《おきもりひろさつえい》)。

左2点―13～14世紀以降《いこう》、この地方の王たちは競うように地下にむけて深い階段井戸《かいだんいど》を築《きず》き、その底《そこ》に水をためてくみ上げた。まるで地下宮殿《きゅうでん》のような豪華《ごうか》な建物だ。下は一番深いところで地下水面に届く、垂直《すいちょく》に掘《ほ》られた井戸《いど》(インド・グジャラート州、著者撮影《ちょしゃさつえい》)。

下―伝統的《でんとうてき》な村の灌漑《かんがい》。ボート状《じょう》の桶《おけ》のへさきにハネツルベをくくりつけ、小川の水をくみあげて、低い川から田畑へと水を注ぎこむしくみ(インド・西ベンガル州、著者撮影《ちょしゃさつえい》)。

下端《かたん》―砂漠《さばく》をつらぬいて走る近代的な灌漑《かんがい》水路。くみ上げられた地下水は大地をうるおすが、その水が蒸発《じょうはつ》する際《さい》、地中の塩分が上昇《じょうしょう》して地表に塩害《えんがい》をもたらすという別の問題もある(パキスタン・シンド州、著者撮影《ちょしゃさつえい》)。

「菜《さい》食《しょく》主《しゅ》義《ぎ》者《しゃ》」の食べるもの

南アジアでは、宗教上《しゅうきょうじょう》の理由から、肉や魚を食べない人がたくさんいます。それは「不殺生《ふせっしょう》」という、生き物の命をとったり、傷《きず》つけたりしてはいけないという教えからくることです(人に暴力《ぼうりょく》をふるうことも禁止《きんし》です)。ことに南アジアで最も厳《きび》しくこの教えをまもるジャイナ教(44ページを見よう)の僧《そう》侶《りょ》のうちには、地中でそだつ根菜《こんさい》ですら食べない人もいます。掘《ほ》るときに虫やミミズを殺しかねないからでしょう。そもそも彼《かれ》らは、農業をやらないのです。

野菜だけでは栄養不足にならないかと心配になりますが、じつはこうした、いわゆる菜食主義の人々には太った人も多いのです。なぜでしょうか。それは、体をつくるもとになるタンパク質《しつ》を豊《ほう》富《ふ》に含《ふく》んだマメ類(「マメは畑のお肉」とも言われます)をたくさん食べるからです。さらに栄養豊《ほう》富《ふ》なミルクやバター、チーズ、ヨーグルトなどの乳製品《にゅうせいひん》もふんだんに食べます。「乳製品《にゅうせいひん》って、菜食なのかな？」と思うかもしれませんが、先に述《の》べたように、大切なことは、他の生き物の命をとらない、ということなのです。そのため、菜食料理と言うよりも、「不殺生《ふせっしょう》料理」というほうが当たっているかもしれません。

上―マメ類とチーズ、ヨーグルトを中心とした、パンジャーブ地方(インド北西部からパキスタン北部)独特《どくとく》の料理を作る台所。バターオイルのギー(18ページを見よう)に加え、さまざまな植物油もたっぷりと使うので、カロリーも高い(インド・ニューデリー)。

右―コメにチャナ(ヒヨコマメ)を混《ま》ぜて炊《た》きこみ、たっぷりの油で炒《いた》めたご飯のプラーオ。おなかはすぐに満ちる(パキスタン・ラーワルピンディ)。

下―栄養上もメニューの上でも欠《か》かせないマメの煮込《にこ》みのダール(インド・ニューデリー)。

上—ミルクから作る大事なタンパク源《げん》のパニール（カテージチーズ、18ページを見よう）をたくさん入れたトマトカリー（インド・パンジャーブ州）。

右—典型的なジャイナ教徒の定食メニュー。高価《こうか》な香辛料《こうしんりょう》のサフランで色と香《かお》りをつけたライスと、薄焼《うすや》きのパン（ローティー）。それに、マメを煮《に》たダール、ポテトやウリの炒《いた》め煮《に》をそれぞれ別に作って、一つのお盆《ぼん》に盛《も》る。上方のデザートはミルクを甘《あま》く煮詰《につ》めたキール（インド・グジャラート州）。

上—暮《く》らしに欠かせないミルクは、郊外《こうがい》から毎日、町へと運ばれてくる。列をなしてウシやスイギュウのミルクを運びこむ牛飼《うしか》いの人々（インド・バナーラス）。

左下—祭りのときには、同じ宗教《しゅうきょう》の信者たちが集まって菜食の食事を共にすることが、信仰《しんこう》を高める上でも、たがいの絆《きずな》を深めるためにも重要。お寺や金持ちによるふるまいなので、宿も食事も無料である。ガンガー川中流域《ちゅうりゅういき》の聖地《せいち》サンガムでのクンブ・メーラー祭にて（インド・ウッタルプラデーシュ州）。

下—ガンガー川の上流に位置する聖地《せいち》、ハリドワールの巡礼者用《じゅんれいしゃよう》の宿舎《しゅくしゃ》で出される菜食の満腹《まんぷく》メニュー（インド・ウッタラーカンド州）。

豊《ゆた》かな乳製品《にゅうせいひん》とウシの崇拝《すうはい》

ミルクはウシとスイギュウ、ヤギからとります。もちろんそのまま飲んでもいいのですが、南アジアではむしろ、それをさまざまに加工して使います。どんなものがあるでしょうか。

ミルクはまず、煮立《にた》てて殺菌《さっきん》してから、乳酸菌《にゅうさんきん》を加えて発酵《はっこう》させます。これがヨーグルトのダヒーで、どの家庭でも自家製《じかせい》のものをたっぷりといただきます。ダヒーをかき回すと浮《う》かんでくるのが脂肪分《しぼうぶん》のマッカン(バター)で、さらにこれを熱して水分をとばし、精製《せいせい》したものがバターオイルのギーです。

一方、油分を除《のぞ》いたあとに残るのが、カルピスのように甘酸《あまず》っぱい飲み物のラッシー。これにさらにレモン汁《じる》などを加えて加熱すると、生揚《なまあ》げ豆腐《どうふ》かカテージチーズのような食感のパニールができ、カリーのよい材料となります。

その他、ミルクを煮詰《につ》めて表面にできる、湯葉《ゆば》のような膜《まく》を集めて砂糖《さとう》を加えたマラーイーというデザートや、それを冷やして固めたクルフィー(アイスクリーム)、あるいはミルクを加熱する際《さい》にコメ粉《こ》を入れてとろりとさせたキールなど、ずいぶんたくさんの種類があるのにおどろかされます。それほどミルクと乳製品《にゅうせいひん》が、この地《ち》域《いき》の人々にとって身近で欠くことのできないものであることが、よくわかりますね。それだけにまた、このような恵《めぐ》みを与《あた》えてくれるウシは文字通り母のような存《そん》在《ざい》であり、人々に大切にされ、神として信《しん》仰《こう》を集めているのです。

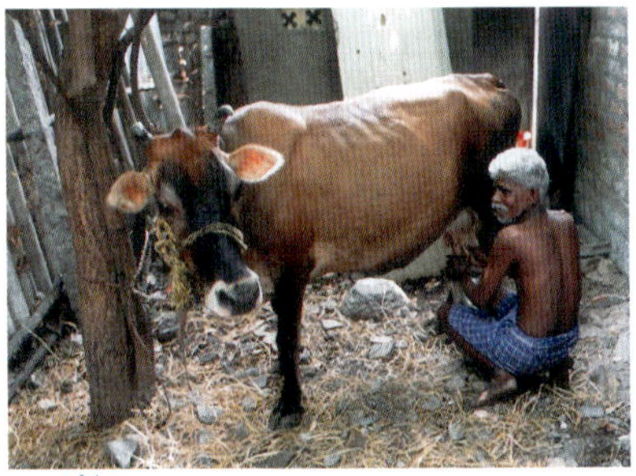

上—紅茶《こうちゃ》に入れるミルクを上方から注ぎ、エスプレッソコーヒーのように泡立《あわだ》ててコクを出している茶店の少年(インド・アーンドラプラデーシュ州)。
中—牝牛《めうし》の乳《ちち》しぼり。家畜《かちく》、とりわけウシは家族同様に大切にされ、家の一角で暮《く》らしている(インド・チェンナイ)。
右—ヒンドゥー教の主な神さまであるシヴァ神の乗り物として、寺院で大切に飼《か》われている白牛(インド・バナーラス)。ウシはヒンドゥー教徒にとって聖《せい》なる動物だから、食べるどころか、傷《きず》つけることすら禁《きん》じられている。

ヨーグルト

右—カリーにダヒー（ヨーグルト）を加えると、スパイスの香味《こうみ》は深みとまろやかさを増《ま》す。おだやかな酸味《さんみ》も食欲《しょくよく》をそそる（インド・パンジャーブ州）。

右端《みぎはし》—ダヒーをかきまぜて脂肪分《しぼうぶん》のマッカンを抜《ぬ》き、そこから甘酸《あまず》っぱいラッシーを分離《ぶんり》させる（インド・バナーラス）。

下— 塊《かたまり》 で売っているパニール（カテージチーズ）。パニールを作るには、1かけらだけでもかなりの量のミルクが要《い》る。それだけ栄養が詰《つ》まっているということだ（インド・オールドデリー）。

右—サイコロ状《じょう》に切ったパニールを菜種油《なたねあぶら》で揚《あ》げる。これもりっぱなカリーの具となる（インド・バナーラス）。

チーズ

下—ウシの女神《めがみ》としてあがめられるスラビ。あらゆる願いをかなえてくれると信じられ、その体のなかにはたくさんの神々が描《えが》かれている。左では僧《そう》がスラビをたたえ、その背後《はいご》では牧童神《ぼくどうしん》クリシュナが笛《ふ》を吹く。

デザート

上—カテージチーズを糖蜜《とうみつ》で煮込《にこ》み、バラの香水《こうすい》と黒蜜《くろみつ》で煮詰《につ》めたグラーブ・ジャムンというお菓子《かし》（インド・デリー）。

役に立つ家畜《かちく》

ウシはこの地域《ちいき》で、最も役に立つ家畜《かちく》です。ミルクが人々の貴重《きちょう》な栄養源《えいようげん》になっているだけでなく、畑を耕《たがや》すスキや、重いものを運ぶ荷車を引くのにも欠かせません。さらに、なんと糞《ふん》や尿《にょう》までもが利用されるのです。糞《ふん》は乾《かわ》かすと、貴重《きちょう》な燃料《ねんりょう》になります。一方で、糞《ふん》や尿《にょう》は不浄《ふじょう》な状態《じょうたい》を浄《きよ》めるものと考えられていて、人々は糞《ふん》を家の床《ゆか》に塗《ぬ》り込《こ》めたり、生まれたての赤ちゃんの体を尿《にょう》で洗ったりします。ウシは人間といっしょに働いてくれるだけでなく、聖《せい》なる存在《そんざい》と考えられているのです。

次いで重要な家畜《かちく》はヤギです。栄養価《えいようか》の高いミルクをふんだんに出してくれる大切な存在《そんざい》で、肉は料理に利用されます。この地域《ちいき》ではいわゆるマトンカリーがふつうに食べられますが、マトンと言ってもじつはヒツジではなく、ヤギの肉であることがほとんどです。ヒツジはむしろ、毛を刈《か》るための家畜《かちく》として大切にされています。

なお、この地域《ちいき》一帯では、家畜《かちく》の肉よりもむしろ鶏《とり》肉《にく》が好まれています。宗教上《しゅうきょうじょう》、ヒンドゥー教徒はウシ(ビーフ)、イスラーム教徒はブタ(ポーク)を食べてはならないとされているからです。意外にも鶏肉《とりにく》は値段《ねだん》もやや高めですが、いろいろな料理法があって、食卓《しょくたく》を豊《ゆた》かにしています。

ウシ

左ページ—数百頭のウシが集まり、
競《せ》りにかけられる定期市。
お祭りのようなにぎやかさだ(インド・マハーラーシュトラ州)。
上—水浴びが大好きなスイギュウ。ミルクも出すし、ウシと同様、
スキや荷車を力強く引く頼《たの》もしい存在。ビーフは食べないが、
スイギュウはウシとはちがう動物と見なし、
その肉を食べる人もいる(インド・パンジャーブ州、著者撮影《ちょしゃさつえい》)。
中—国道に隊列を組んでワラを運ぶウシ(インド・ビハール州)。
下—牛糞《ぎゅうふん》を集め、丸く平積みにして乾《かわ》かしたものは貴重《きちょう》な燃料《ねんりょう》。
火力が高く火もちもよい(インド・ウッタルプラデーシュ州)。
牛糞《ぎゅうふん》というと汚《きたな》いもののように感じられるかもしれないが、
むしろ逆《ぎゃく》で、それ自体が浄《じょう》であるばかりでなく、その場を浄《きよ》めて、
本来の正しい状態《じょうたい》にする力があると信じられている。
この独特《どくじ》の「浄・不浄《じょうふじょう》」という考え方は、わたしたちのいう
「清潔《せいけつ》・不潔《ふけつ》」とはかなりちがうものなのだ。

ヤギ

上—主として食用となるヤギ。最も飼《か》いやすく、
身近な家畜《かちく》(インド・ウッタルプラデーシュ州)。
右—ヤギは解体《かいたい》して、その場でつるして肉を
売る。買い手は好きな部位を
好きな目方だけ買っていく
(インド・マハーラーシュトラ州)。

下—のんびりと草を食む放牧中のヒツジ。
パキスタンでは毛を刈《か》るほかに、油をとるために
ヒツジを飼《か》うこともある
(パキスタン・シンド州、著者撮影《ちょしゃさつえい》)。

ヒツジ

ニワトリ

右—食肉の中で最も高価《こうか》な鶏肉《とりにく》。
ヨーグルトと香辛料《こうしんりょう》につけこんだチキンを
半地下式のかまど(タンドール)であぶって料理する
タンドーリー・チキン(インド・ニューデリー)。

さまざまなパン

日本でもいまはずいぶんいろいろなパンが作られ、売られていますが、南アジアのパンの種類はもっと多く、しかもわたしたちになじみのパンとは、ずいぶんかたちも味もちがっています。じつはその原料のコムギも、ナーンを焼くかまどのタンドールも、ともに5000年ほども前に西アジアから伝わってきたのですが、それ以来、南アジアではさらに独自《どくじ》の工夫《くふう》がなされて、いまのような多彩《たさい》なパン類のメニューとなったのです。

ただ、ナーンはもともと、南アジアでは北西部、そしてさらに西アジアにかけての地域《ちいき》に限《かぎ》って食べられていたもので、日本のインド料理店のように、どの地方の料理であるかもおかまいなしに、ナーンが出てくるのはおかしなことです。

むしろインドやパキスタンで一番ふつうに食べられるパンは、生地《きじ》を発酵《はっこう》させずに焼いたり揚《あ》げたりしたパンで、しっかりとした歯ごたえが特徴《とくちょう》です。その代表がローティー（チャパーティーともいう）で、生地《きじ》をこねて薄《うす》くのばして、フライパンか鉄板、あるいはタンドールで焼き上げます（5ページ右下の地図も見よう）。

この生地《きじ》を油で揚《あ》げて中が空洞《くうどう》になるようふくらませればプーリーとなり、生地《きじ》にバターオイルを塗《ぬ》り重ねて焼くと、ホットケーキのようなパラーターのできあがり。さらに生地《きじ》の中に果物や野菜を練り込《こ》んだり包み込《こ》んだりすれば、その種類はまさに無限《むげん》です。

上—下に炭火をおこした
半地下式のかまどのタンドール。
一晩寝《ね》かせて発酵《はっこう》させたナーンの生地《きじ》は
手のひらでパタパタと宙《ちゅう》で叩《たた》いて、
たくみに薄《うす》く平らにのばす。
それをこのタンドールの
内側に貼《は》りつけて焼く
（インド・オールドデリー）。

右—コムギ粉《こ》をこねた生地《きじ》を、
たっぷりの油で揚《あ》げてふくらませた
特大のプーリー。神事や祝い事に
よく出される。中が空洞《くうどう》なので、
意外にあっさりと食べられる
（インド・ウッタルプラデーシュ州）。

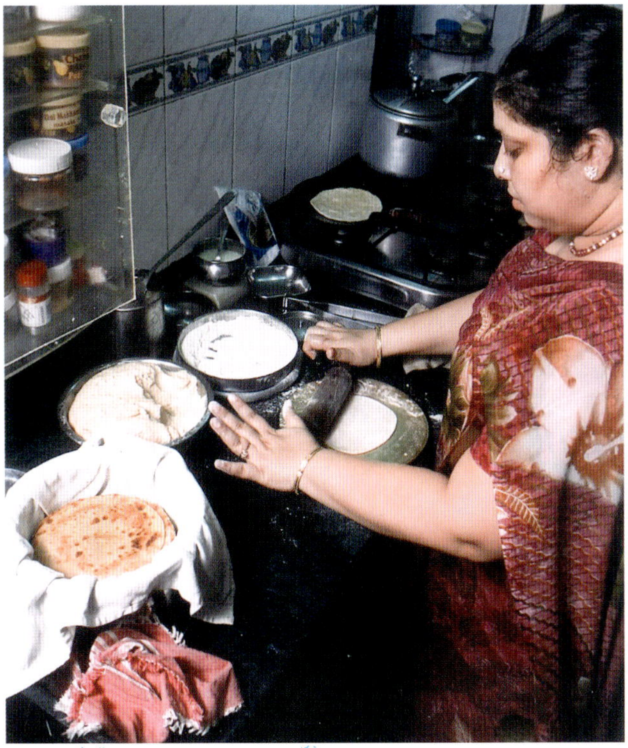

上—パン生地《きじ》をひとちぎりとってノシ棒《ぼう》でこね、平たく丸いローティーをつくる。
鉄板などで焼きあげたのち、最後にまたローティーを直火《じかび》に乗せて、
プッと中の水分をとばして香《こう》ばしくする（インド・ハリヤーナー州）。
右上—タンドールの壁《かべ》に貼《は》って香《こう》ばしく焼いた、やや厚手《あつで》のローティー。
タンドールは、香辛料《こうしんりょう》やヨーグルトに漬《つ》けておいた鶏肉《とりにく》を骨付《ほねつ》きのまま
焼いたタンドーリー・チキンや、肉や魚の切り身を串《くし》に刺《さ》して焼いたティッカ、
また、串《くし》にひき肉を巻《ま》いたカバーブを焼くためにも使う（インド・ニューデリー）。
右—じっくり煮込《にこ》まれて骨離《ほねばな》れのよいチキンカリーとローティー。
下からライスものぞいている（インド・バナーラス）。
ローティーなどのパン類は、片手《かたて》でちぎってカリーソースに
ひたしたり、具をくるんだりして食べる。
カリーは具によってそれぞれ料理法がちがい、
別々のメニューとして並《なら》ぶ。
（くわしくは6巻《かん》26ページを見よう）

最も基本的《きほんてき》な菜食メニューの定食（ターリー）。マメの
汁物《しるもの》のダールに、オクラとジャガイモの炒《いた》め物。
上方に見えるのは香辛料《こうしんりょう》や野菜を
すりつぶしたチャトニー。
それにローティーが付く（インド・バナーラス）。

パラーター作り。
コムギ粉《こ》の生地《きじ》に
バターオイルを塗《ぬ》り重ねて焼く。
これにバナナなどの具を
練りこむこともある
（インド・オールドデリー）。

手で食べるわけ

よく言われるように、「日本料理は目で食べる」。とすれば、「インド料理は手で食べる」。そう、日本料理は見るからにおいしそうですね。でもインド人が料理を手でこねまわしながら食べているのはちょっと……？　しかしじつは、そうしないとこの地域《ちいき》の料理はおいしくないのです。指でこね、口に入れるまでの具やソースの混《ま》ぜ具合の触感《しょっかん》。それを評《ひょう》して、あるインドの詩人は、「スプーンやフォークでの食事なんて、通訳《つうやく》を通じて愛を語るようなものだ」と言いました。食事に使うのは清浄《せいじょう》である右手が望ましいともされていますが、最近ではあまりこだわりません。

むしろここで大切なことは、ことにヒンドゥー教徒にとって、手は神様からいただいた自分だけの食器であって、これ以上、清らかなものはないと考えられていることです。出来合いの食器は、いかにきれいに洗ってあっても、前に誰《だれ》が使ったものかわからない。だから、コップは素焼《すや》きのものを使い捨《す》てにします。また、皿も木の葉を綴《つづ》り合わせたものとか、南インドなどではバナナの若葉《わかば》を大皿として使い、食事が終われば、残り物と一緒《いっしょ》に丸めて捨《す》ててしまうのです。

上—上手に右手の指を使って食事を口に運ぶ少年(バングラデシュ・ダカ)。西洋風にテーブルと椅子《いす》、陶器《とうき》の皿を使っているが、スプーンもフォークも見当たらない。おかわりはお母さんがつぎ足す。
左上—砂糖《さとう》とミルクをたっぷり入れたチャーイ(ミルクティー)は広く南アジアで人気の飲み物。素焼《すや》きの茶碗《ちゃわん》に注ぎわけるが、ただ一度しか使わないのは、不浄《ふじょう》が他人にもたらされるのを防《ふせ》ぐため(インド・ニューデリー)。
左—茶店は早朝から深夜まで開いていて、その間、かたときも客足が絶《た》えることがない(インド・ニューデリー)。

左―清浄《せいじょう》な食器を目指すなら、広いのでなんでも盛《も》れるバナナの葉が便利《べんり》。ただ、ふちがなく、かけるカリーも汁状《しるじょう》なので、流れ出る前に手早くカリーとご飯を手でこねるしかない（インド・チェンナイ）。
上―食器用に洗って切ったバナナの若葉《わかば》。客の目の前には、まずこれが敷《し》かれる。そこに給仕係《きゅうじがかり》が次々と料理を盛《も》るが、その前に、客はこれにパッパと水をかける。葉や手を洗うというより、「いただきます」という、ちょっとした儀式《ぎしき》か清め、といったふうである（インド・チェンナイ）。

上―サーラ（沙羅双樹《さらそうじゅ》）などの大きめの葉を型で重ね、皿として使う。これも使用後は惜《お》しげなく捨《す》てられる（インド・ニューデリー）。
右―暑いインドでは飲み水が欠かせない。通りの巨木の根元には、大きな水がめが（ときに神像《しんぞう》とともに）置かれていて、水番が水をくんでくれる。通行人はコップではなく、手に水を受けて飲むので、安心して飲める。素焼《すや》きのかめからは水がしみだし、それが蒸発《じょうはつ》するときに熱を奪《うば》うので、中の水は冷たくなっていておいしい（インド・オールドデリー）。

3 布《ぬの》と服装《ふくそう》

綿《めん》と綿布《めんぷ》

人々の衣服にも、気候条件《きこうじょうけん》が大きくかかわっています。南アジアでも北の高地では羊毛(ウール)のコートやショールで暖《あたた》かく身を包みます。北部山岳《さんがく》地帯のカシュミール産のカシミア・ウールが有名ですね。一方、気温が高く蒸《む》し暑い地方では、汗《あせ》を吸《す》いやすく肌触《はだざわ》りもよい綿《めん》や麻《あさ》の衣服が好まれます。

ことに北西部から中部山地にかけてはワタの栽培《さいばい》がさかんで、この地の綿布《めんぷ》は通気性《つうきせい》・吸水性《きゅうすいせい》に優《すぐ》れ、古くから世界に知られていました。綿糸《めんし》は太くも細くも紡《つむ》ぐことができるし、厚手《あつで》に織《お》れば暖《あたた》かく、逆《ぎゃく》に透《す》き通るほど薄手《うすで》に織《お》ったものは夏にぴったりです。綿糸《めんし》をそのまま織《お》った布《ぬの》は、その白さが清らかだとして尊《とうと》ばれます。また綿糸《めんし》は染《そ》めやすく、それらから美しい文様の織物《おりもの》が作られます。こうして綿布《めんぷ》は、季節を問わず、世界中で愛用されてきました。

ことに16〜18世紀にダカ(現《げん》バングラデシュ)で織《お》られたジャムダニという白地の手紡《てつむ》ぎ綿布《めんぷ》などは、幅《はば》1ヤール(約0.9メートル)、長さ15ヤール(約13.7メートル)もある布《ぬの》がわずか54グラム、指輪も通りぬけたという薄《うす》さでした。そのためこれは「露《つゆ》の布《ぬの》」、「流水《りゅうすい》」、「織《お》られた大気」などとも呼《よ》ばれて、国内外の王侯貴族《おうこうきぞく》たちの大きな人気を呼《よ》びました。

しかし18世紀末、イギリスで大規模《だいきぼ》な機械化による技術上《ぎじゅつじょう》の大変革《だいへんかく》(産業革命《さんぎょうかくめい》)が起こると、急速な機械化・工業化の勢《いきお》いにインドの綿工業《めんこうぎょう》も押《お》され、かつてインドの最も主要な産物で輸出品《ゆしゅつひん》でもあった手織《てお》りの綿製品《めんせいひん》も、19世紀に入ると、一気に衰《おとろ》えてしまいました。

左・右上—女性《じょせい》たちによる綿《わた》つみのようす。炎天下《えんてんか》にあって、長時間にわたる手のかかる作業である(パキスタン・パンジャーブ州、織田由紀子撮影《おだゆきこさつえい》)。

上—綿花《めんか》といっても花ではなく、熟《じゅく》した種子を包む白い毛のかたまりのこと。この毛から綿糸《めんし》を紡《つむ》ぐが、種からは油をとる(藤泰樹撮影《ふじやすきさつえい》)。

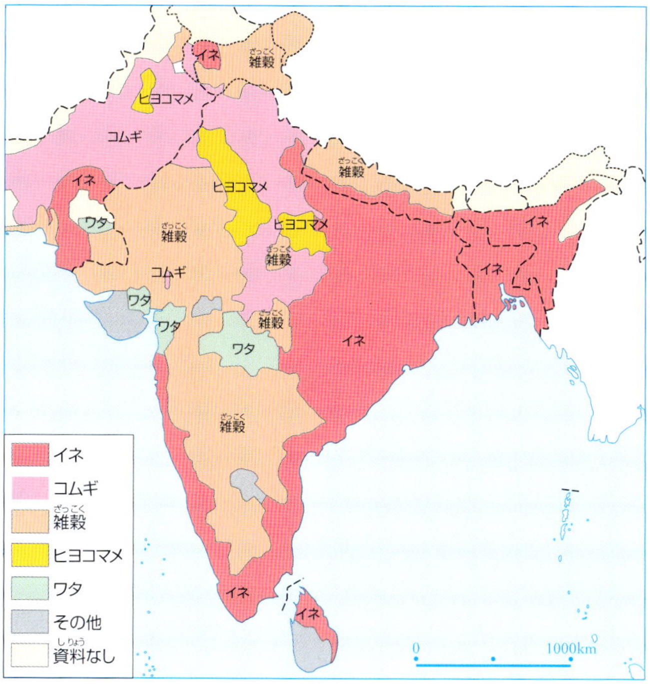

南アジアの地方別にみたおもな作物の分布《ぶんぷ》。
ワタ（綿花《めんか》）をおもに栽培《さいばい》している地域《ちいき》は、じつはここに示《しめ》された以上に多くて広い。図は作付け面積が第1位の作物のみを採《と》っているためあまり目立たないが、むしろ、ワタを第1の作付け作物としている地域《ちいき》がこんなにあるというだけでもすごい。いずれにせよ、日本と比《くら》べてみると、雑穀類《ざっこくるい》をはじめ、イネ（米）以外の作物がこれほど豊《ゆた》かにつくられていることにも注意しよう。

右―インド製綿布《せいめんぷ》とイギリス製綿布《せいめんぷ》の輸出高《ゆしゅつだか》の移《うつ》り変わり。
インド綿《めん》は1780年ころから輸出《ゆしゅつ》を増《ふ》やし、19世紀初頭のピーク時にはその輸出量《ゆしゅつりょう》は300万ポンド（約13万6200トン）あまりにも達したが、イギリスで産業革命《さんぎょうかくめい》が始まったのは、ちょうどこのころのことであった。
それが進んだ結果、1820年ころを境《さかい》として、綿布《めんぷ》生産国としてのインドとイギリスの地位は逆転《ぎゃくてん》し、綿工業《めんこうぎょう》のみならず、インドの伝統的《でんとうてき》な産業の多くは、1830年には壊滅《かいめつ》に近い状態《じょうたい》となってしまった。

右下―18世紀末のイギリスでは、機械化された大型の紡績機《ぼうせきき》が導入《どうにゅう》された。
図のミュール紡績機《ぼうせきき》では、一定の太さの綿糸《めんし》が自動的に紡《つむ》がれ、速い速度で巻《ま》き取られる。
その結果、インドの紡績産業《ぼうせきさんぎょう》は手痛《ていた》い被害《ひがい》をこうむった（© Ralph Malan）。

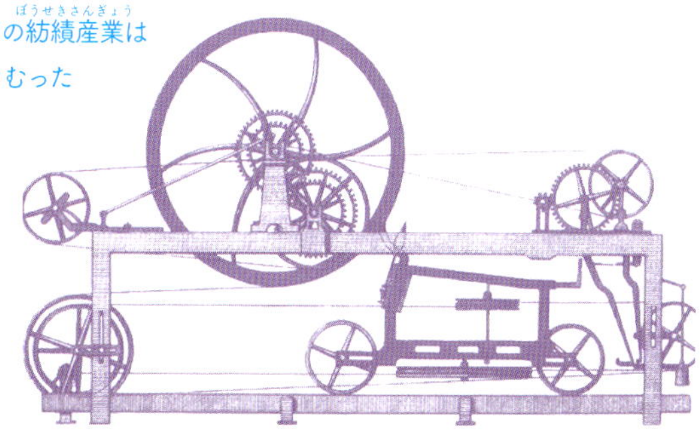

上―織《おり》の技術《ぎじゅつ》の古い形を残している、地機《じばた》という織機《おりき》。
水平織機《おりき》の一種で、地面に腰《こし》を落とし、織機《おりき》の手前の一端《いったん》を腰《こし》で固定していることから、腰機《こしばた》ともいう（インド・アッサム州、インド大使館提供《ていきょう》）。
右―足踏《あしぶ》み式の高機《たかばた》。
地面に腰《こし》を下ろす腰機《こしばた》と異《こと》なり、織機《おりき》の手前に腰《こし》をかけ、足元のペダルを交互《こうご》に踏《ふ》んで作業する（インド・バナーラス）。

サリーとドーティー

南アジア最大の宗教《しゅうきょう》・ヒンドゥー教徒の女性《じょせい》のほとんどは、長い布《ぬの》を身に巻《ま》きつけたサリーを着ています。その着方はじつにさまざまで、素材《そざい》・かたち・色などからしても、その人の出身地、階層《かいそう》、職業《しょくぎょう》などがわかってしまうほどです。したがって、親子代々伝わってきたやり方を守らないと、その社会からはずれてしまうことにもなりかねません。儀式《ぎしき》や祭りのときにも、特定の着方や色が決まっています。

一方、男性《だんせい》は、都会では洋装《ようそう》に近いワイシャツふうの白シャツに白ズボンが一般《いっぱん》的《てき》ですが、正装《せいそう》としてはドーティーという白い腰布《こしぬの》を巻《ま》きます。ただし、サリーと同じように、その着方は地方や職業《しょくぎょう》によって、大きくちがいます。

ただ、どこであろうとサリーもドーティーも、体に巻《ま》きつけて着る、ただ1枚の布《ぬの》であることは同じです。ヒンドゥー教では、はさみや縫《ぬ》い目が入っていない布《ぬの》が清浄《せいじょう》だとされるからです。

それに対し、南アジアのイスラーム教徒の女性《じょせい》は、裁断《さいだん》をした裾《すそ》の長いワンピース状のシャツのカミーズ(男性用《だんせいよう》はクルターという)に、パジャマのズボンのような薄手《うすで》のシャルワールを着ます。これらは一枚布《いちまいぬの》のサリーよりも着るのがかんたんで、布《ぬの》の断《た》ち方や縫《ぬ》い方でさまざまなデザインが楽しめます。なので、最近ではヒンドゥー教徒の女性《じょせい》たちも、ことに都会などでは、ファッションとしてのシャルワール・カミーズ・スタイルを楽しむ人たちが増《ふ》えてきました。

サリー

上―ガンガー川の河口の聖地《せいち》で、のぼる太陽を拝《おが》む女性《じょせい》たち。額《ひたい》の髪《かみ》の分け目に朱《しゅ》の粉をはくのは結婚《けっこん》した女性《じょせい》のしるし。夫をなくすと、左の女性《じょせい》のように白づくめとなる(インド・西ベンガル州)。

右―女性《じょせい》たちはサリー姿《すがた》のまま水につかって沐浴《もくよく》し、器用に別のサリーと脱《ぬ》ぎかえて陽に干《ほ》す。薄《うす》い1枚《まい》の布《ぬの》ゆえ、乾《かわ》きも早い(インド・西ベンガル州)。

ガーグラーとオールニー

下左―一見サリーふうだが、じつはたくさんのプリーツを採《と》ったスカート(ガーグラー)をはき、大きな肩掛《かたか》け(オールニー)を頭からすっぽりとまとっている(インド・ラージャスターン州、沖守弘撮影《おきもりひろさつえい》)。

下右―祭りに集まってきたガラシア民族の若《わか》い女性《じょせい》たち。たっぷりとプリーツをとったガーグラーにぴっちりとしたチョウリー (ブラウズ)、上は頭から長い一枚布《いちまいぬの》のオールニーを羽織《はお》って、裾《すそ》は体に巻《ま》きつけている。オールニーはスカーフないし肩掛《かたか》けであるが、ここではそのサイズはサリーほどに長い(インド・ラージャスターン州、沖守弘撮影《おきもりひろさつえい》)。

ドーティー

上―農作業中の少年。作業着としてのターバンにドーティー姿《すがた》がキマっている（パキスタン・シンド州、著者撮影《ちょしゃさつえい》）。

中―蒸《む》し暑さにも、ルンギーと呼《よ》ばれる腰布《こしぬの》一つにターバン姿《すがた》が一番（インド・ケーララ州、著者撮影《ちょしゃさつえい》）。

左―サリー姿《すがた》の宮廷《きゅうてい》の女性《じょせい》。上半身はチョーリー（ブラウズ）のみ。18～19世紀の細密画《さいみつが》より（インド・ラージャスターン州）。

シャルワール・カミーズ

右上―シャルワール・カミーズにモダンなスカーフを組み合わせたユニフォーム姿《すがた》の、パキスタン航空の客室乗務員《きゃくしつじょうむいん》たち（パキスタン・カラーチー、パキスタン航空会社提供《ていきょう》）。

中―年に一度のイスラームの大祭イードにとっておきのシャルワール・カミーズ姿《すがた》でモスク（礼拝所《れいはいじょ》）に集まってきた子どもたち。襟元《えりもと》の刺《し》しゅうが美しい（パキスタン・ラーホール、著者撮影《ちょしゃさつえい》）。

右―凧揚《たこあ》げを楽しむ少年。ひざまである裾長《すそなが》のクルター（シャツ）とシャルワールの上に、ヴェストをおしゃれに着こなす（パキスタン・ラーホール、著者撮影《ちょしゃさつえい》）。

ターバン

左端《ひだりはし》―頭に長いターバンを巻《ま》く人。ターバンはインドから西アジアにかけてよく用いられる。農作業のときに巻《ま》くことも多いが、シク教徒（45ページを見よう）の男性《だんせい》が必ずターバンを巻《ま》くように、それを公的な場での正装《せいそう》とする社会も多い。インド西部のラージャスターン地方などの男性《だんせい》は、正装《せいそう》として長さ9メートルもある薄《うす》くて細長い布《ぬの》をていねいに頭に巻《ま》きつける（インド・ラージャスターン州、著者撮影《ちょしゃさつえい》）。

左―シク教徒は生涯《しょうがい》ひげを剃《そ》らず、ターバンをはずさないのがおきてである。このターバンの長さは約4メートル、額《ひたい》の前方に突《つ》き出るように巻《ま》き上げる。まだひげの生えそろわない少年は、伸《の》びきらない髪《かみ》を頭のてっぺんで髷《まげ》のように結い、ターバンでくるむ（インド・パンジャーブ州）。

インド藍《あい》と草木染《ぞ》め

南アジアの衣服を豊《ゆた》かに彩《いろど》るのが、色とりどりの染織《せんしょく》です。何色をベースとし、そこにどんな配色をするか、どんな模様《もよう》を描《えが》いて染《そ》め、どんなかたちに仕立て上げるかに職人《しょくにん》がこだわるのは、単に見ばえだけのことではなく、それらが着る人の社会・経《けい》済《ざい》・文化的背景《はいけい》、つまり出身地域《ちいき》や階層《かいそう》などをあらわすからです。

南アジアの染《そ》めの大きな魅力《みりょく》は、その風合いの美しさです。なかでも特徴的《とくちょうてき》なのが藍《あい》(インディゴ)を使った藍染《あいぞ》めで、濃《こ》く薄《うす》く染《そ》めた色調のちがいが美しく、また時がたって色があせたときにも、かえって独特《どくとく》の味わいと美しさが出てきます。ジーンズも、いまはたいてい化学染料《せんりょう》ですが、もとはこの藍《あい》が使われていました。

藍《あい》も、赤色をだす茜《あかね》もインド原産の植物で、先史時代からインドで使われてきました。それにウコンの根などからとれる黄を合わせれば、紫色《むらさきいろ》も緑色も思うように出せるのです。これらの染料《せんりょう》で布《ぬの》を染《そ》める草木染《ぞ》めの場合、布《ぬの》の一部を蝋《ろう》や糊《のり》で伏《ふ》せて染《そ》め残し、さらに染《そ》めを重ねます。日本では「ろうけち染《ぞ》め」がこれにあたりますが、この技術《ぎじゅつ》もインドでは、2000年前からすでにありました(32ページも見よう)。

しかし近代化の常《つね》、美しいが大変手間のかかる草木染《ぞ》めも、次第に安価《あんか》な化学染《せん》料《りょう》に置きかえられ、染《そ》めの工程も機械化されて、手早い増産《ぞうさん》が可能《かのう》になりました。そのため、古来の味は、もうなかなか味わえないようになってきています。

藍染《あいぞ》め

上2点—インドアイ(インディゴ)の乾燥《かんそう》(上)と栽培《さいばい》(右)(いずれもインド・ケーララ州、IHM提供《ていきょう》)。藍《あい》は紀元前後の古代ローマで、すでにインド産の染料《せんりょう》として知られていたためにインディゴという名となった。インドでは従来《じゅうらい》、この葉を水にひたし、沈殿物《ちんでんぶつ》をさらに煮《に》つめて、持ち運びができるようブロック状《じょう》か球状《きゅうじょう》の「藍玉《あいだま》」にし、染料《せんりょう》として使っていた。最近では乾燥《かんそう》した葉を粉にひいたものを用いて、乾燥藍《かんそうあい》として輸出《ゆしゅつ》することもあるという。

右—輸出用《ゆしゅつよう》に固められた藍《あい》のブロック(インド・コルカタ)。かつてインドを支配《しはい》していたイギリスは19世紀の一時期、本国への輸出《ゆしゅつ》をめざしてベンガル地方などに工場を設立《せつりつ》し、この藍玉《あいだま》(ブロック)の生産を始めたが、まもなく工場は閉《と》じられた。その跡《あと》は、いまは草むすレンガの土台を残すのみとなっている。

下—第2次世界大戦後、インドでは少しずつ伝統的《でんとうてき》な手工芸品の復興《ふっこう》が叫《さけ》ばれ、藍染《あいぞ》めも再《ふたた》び試みられるようになった。染《そ》まった布《ぬの》の後ろには、インド独立《どくりつ》の父ガーンディー(38ページを見よう)が用い、独立《どくりつ》運動のシンボルとした手紡《てつむ》ぎ車のチャルカーも見える(インド・西ベンガル州、著者撮影《ちょしゃさつえい》)。

右―単純《たんじゅん》な織機《おりき》で、茜《あかね》で染《そ》めた平織《ひらお》りの布《ぬの》を織《お》る織《お》り師《し》集団。彼《かれ》らは何世代にもわたって、他の工芸職人《しょくにん》たちと同様、同じ職業《しょくぎょう》をもつ集団に属《ぞく》し、その技能《ぎのう》やデザインを絶《た》えることなく伝えてきた（インド・西ベンガル州、著者撮影《ちょしゃさつえい》）。

下―西インド・グジャラート州で信仰《しんこう》される母神《ぼしん》を描《えが》いた更紗《さらさ》。茜《あかね》のあざやかな色合いが、美しく祭壇《さいだん》を飾《かざ》る（インド・グジャラート州、著者蔵《ちょしゃぞう》）。

茜《あかね》染《ぞ》め

上―赤色の原料となる茜《あかね》の根を細切りにしたチップ。この根を煮出《にだ》した汁《しる》を染物《そめもの》に使う（田中直染料店提供《たなかなおせんりょうてんていきょう》）。

下―茜染《あかねぞ》めのようす（インド・グジャラート州、著者撮影《ちょしゃさつえい》）。
茜《あかね》に含《ふく》まれるアリザリンという成分がミョウバンのような薬品に反応《はんのう》して、赤や黒、紫《むらさき》、ピンクなどに発色する。

左―ミロバランという染料《せんりょう》か、ザクロの皮などで染《そ》めた黄色をベースに、絞《しぼ》り染《ぞ》めで仕上げた薄手《うすで》のサリー地（上）や色あざやかなターバン（インド・ラージャスターン州　© RubyGoes）。

特徴《とくちょう》ある染物《そめもの》—更紗《さらさ》

型で染《そ》める

型押《かたお》し更紗《さらさ》の工法。文様《もんよう》を彫《ほ》った硬い木の型《かた》に染料《せんりょう》をつけ、順に布《ぬの》に押《お》し付けていく。異《こと》なった色や文様を重ね、あるいは蝋《ろう》で伏《ふ》せてその部分を染《そ》め残すなどして、複雑《ふくざつ》なデザインに仕上げる（インド・ラージャスターン州、著者撮影《ちょしゃさつえい》）。

上・右下—女神《めがみ》の像《ぞう》を中心に据《す》えた寺院の壁掛《かべか》け。横に広がるものは、女神の神話を説く一種の絵解《えと》きのような図形であるが、同心円状《どうしんえんじょう》のものは天井《てんじょう》に貼《は》りつけて下げ、その場を神殿《しんでん》に変える。ともに、型押《かたお》しと手描《てが》きをあわせて用いている（インド・グジャラート州、著者撮影《ちょしゃさつえい》）。

下—型押《かたお》し用の木版《もくはん》。硬《かた》い木に細かい文様が彫《ほ》りこんであり、小さいが限《かぎ》りなく縦横《じゅうおう》につないでいける（インド・ラージャスターン州、著者撮影《ちょしゃさつえい》）。

主として綿布《めんぷ》に手描《てが》きか型押《かたお》しで美しい染《そ》めを施《ほどこ》したものを、更紗《さらさ》と呼《よ》びます。インド更紗《さらさ》は、インドネシアのジャワ更紗《さらさ》とともに、日本でも江戸《えど》時代以前から珍重《ちんちょう》されてきました（6巻《かん》20ページも見よう）。更紗《さらさ》の語源《ごげん》ははっきりしませんが、更紗《さらさ》の輸出港《ゆしゅつこう》であった西インド・グジャラート州のスーラトに由来するという説もあります。

そもそも更紗《さらさ》はインドでおこったとされ、少なくとも1300年以上の歴史をもっています。これが大航海《だいこうかい》時代、すなわち15〜17世紀にスペイン、ポルトガルなどがアジアやアメリカ大陸へと進出した時代に注目され、ヨーロッパで人気を集めました。それはさらに、日本や東南アジアの各地でもそれぞれ独自《どくじ》の更紗《さらさ》を産むことにつながりました。更紗《さらさ》を染《そ》めるには、色が布《ぬの》によく付くよう、まずミョウバンのような薬品に漬《つ》けてから藍《あい》や茜《あかね》で文様《もんよう》を描《えが》き、それ以外の部分は、先に見た「ろうけち染《ぞ》め」の技法《ぎほう》を使って染《そ》め残します。さらに布《ぬの》の位置を変えながらこれを繰《く》り返すことによって、複雑《ふくざつ》な文様ができあがります。文様は手で描《えが》くか、硬《かた》い木の版《はん》で押《お》すのですが、その両方を用いることもあります。こうした更紗《さらさ》は、寺院や大部屋などの壁掛《かべか》けとして、またベッドカバーやテーブルクロスなどとしてもつくられました。

手で描《えが》く

左上—南インドによく見られる手描《てが》き更紗《さらさ》。
ヒンドゥー教の神話に題材をとったものが多い。
左に描《えが》かれているのは、悪い龍《りゅう》を退治《たいじ》する
クリシュナ神(インド・アーンドラプラデーシュ州、著者蔵《ちょしゃぞう》、部分)。
右上—花や葉の植物文様《もんよう》で構成《こうせい》したインテリア用の
更紗《さらさ》(インド・ウッタルプラデーシュ州、著者蔵《ちょしゃぞう》、部分)。
右—クリシュナ神を祀《まつ》るシュリーナート寺院の壁《かべ》を飾《かざ》る
手描《てが》き更紗《さらさ》(インド・ラージャスターン州、著者蔵《ちょしゃぞう》)。

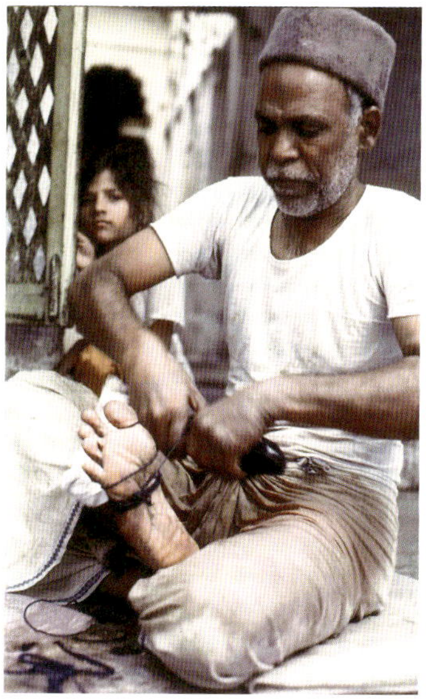

絞《しぼ》り染《ぞ》め

上2点—更紗《さらさ》とは別に、絞《しぼ》り染《ぞ》め、あるいは括《くく》り染《ぞ》めといわれる特徴《とくちょう》ある技法《ぎほう》がある。
束《たば》にした糸を部分的に固く縛《しば》ると、そこだけ染料《せんりょう》が行きとどかず、
ほどくと日本の鹿《か》の子《こ》染《ぞ》めのように、文様がまだらに浮《う》き上がる
(インド・ラージャスターン州、著者撮影《ちょしゃさつえい》)。
右—絞《しぼ》り染《ぞ》めによるサリー地あるいは肩《かた》かけ。派手《はで》で軽いので人気がある
(インド・ラージャスターン州　© RubyGoes)。

刺《し》しゅうが表す民族文化

染色《せんしょく》以上に布《ぬの》を美しく飾《かざ》るのが、各地各様の刺《し》しゅうです。色や文様《もんよう》のかたち、糸の刺《さ》し方などは、地方や民族、あるいは階層《かいそう》によってまったく異《こと》なります。刺《し》しゅうを一目見れば、その衣服の持ち主の文化・社会的背景《はいけい》が読み取れてしまうほどです。豪華《ごうか》で華《はな》やかな文様を立体的に浮《う》き立たせるには、やや太めの刺《し》しゅう糸で、すき間なく空間を埋《う》めるのが肝心《かんじん》で、そのためには布《ぬの》も糸も、絹《きぬ》が似合《にあ》うようです。

絹《きぬ》の歴史は2000年以上前の古代ローマ帝国《ていこく》で尊《とうと》ばれていたとされるほど古く、じょうぶでやわらかく、美しい光沢《こうたく》をもつ繊維《せんい》として世界中で使われてきました。豪華《ごうか》な刺《し》しゅうを施《ほどこ》した宮廷服《きゅうていふく》や壁掛《かべか》けといったインドの絹製品《きぬせいひん》は、先に見た更紗《さらさ》と同様、17〜18世紀にヨーロッパにまで多量に輸出《ゆしゅつ》されましたが、その後一時衰《おとろ》えました。しかし、ようやく1970年ころになって、豪華《ごうか》な刺《し》しゅうや織《お》りが眼《め》を引くサリーの生地《きじ》が国内外での人気を呼《よ》ぶようになりました。ただ、それにしたがって、かつてはその色・かたちを見ればわかった独特《どくとく》の民族文化が、商業化・工業化によって個性《こせい》を失ってしまい、その本来の性格《せいかく》が薄《うす》れてしまったことも事実です。

上―同世代の女性《じょせい》たちがそろって伝統的《でんとうてき》な刺《し》しゅうのカンタの刺《さ》し方を習う(バングラデシュ・ダカ、著者撮影《ちょしゃさつえい》)。カンタは古い白地の布《ぬの》に色糸をびっしりと刺《さ》して、厚手《あつで》のふとんやショールに仕立てたもの。民族色が豊《ゆた》かなので、近年再《ふたた》び人気が出てきた。

左―家業としてのミシン刺《し》しゅうを手伝う少年たち。子どもたちは率先《そっせん》して親の技術《ぎじゅつ》を学びとり、そのあとを継《つ》いでいく(パキスタン・カラーチー、著者撮影《ちょしゃさつえい》)。

左—インド・グジャラート州のカッチ地方の遊牧民は、
身を飾《かざ》ることの天才である。刺《し》しゅうやアクセサリーで、
あますところなく身を飾《かざ》り立てている（インド・グジャラート州）。
中左—パンジャーブ地方の花柄《はながら》刺《し》しゅう（パキスタン・ラーホール、著者撮影《ちょしゃさつえい》）。
嫁《とつ》ぎ先に持参する嫁《よめ》入り道具のひとつでもあり、
ひとかどの刺《し》しゅうができる嫁《よめ》であることの証明《しょうめい》でもある。
こうして技術《ぎじゅつ》は、確実《かくじつ》に家から家へと伝わっていく。
下左—小さく割《わ》った鏡を埋《う》め込《こ》んだ、ミラーワークと呼《よ》ばれる
バローチスターン地方独特《どくとく》の美しい刺《し》しゅう
（パキスタン・バローチスターン州、著者撮影《ちょしゃさつえい》）。
中右—やや長めの太い糸を、地が見えなくなるほどにすき間なく
鮮《あざ》やかに刺《さ》したベッドカバー
（パキスタン・ハイバルパフトゥーンフワー州、著者撮影《ちょしゃさつえい》）。
下右—のれんのように戸口にかける、福を呼《よ》び、邪《じゃ》をはらう
グジャラート州独特《どくとく》の刺《し》しゅう。
ゾウの姿《すがた》をしたヒンドゥー教の神さま・ガネーシャが表されている
（インド・グジャラート州、著者撮影《ちょしゃさつえい》）。

4 インドとイギリス

イギリスの支《し》配《はい》下《か》で

イギリス総督《そうとく》（当時のインドの支配者《しはいしゃ》）とインド各地の藩王《はんおう》の行列。藩王《はんおう》はイギリスの支配下《しはいか》にあってもなお一定の権利《けんり》が認《みと》められていたので、総督《そうとく》と並《なら》ぶものとして、なおその力を見せつけようとした。東インド会社（イースト・インディア・カンパニー）にちなんでカンパニ画と呼《よ》ばれたこうした絵は、インドみやげとしてイギリス人に好まれた（19世紀の作品）。

1857〜59年に起こったインド大反乱《だいはんらん》。イギリス支配《しはい》に抗議《こうぎ》して、東インド会社に雇《やと》われたインド人の兵隊（セポイ、シパーヒー）が起こしたことから、セポイの乱《らん》ともいう。これを武力《ぶりょく》で制圧《せいあつ》したイギリスは、それまで330年にもわたってインドを治めてきたムガル朝を一気に廃《はい》して、本国のヴィクトリア女王をインド女帝《じょてい》として据《す》える「インド帝国《ていこく》」を樹立《じゅりつ》、インドの直接統治《ちょくせつとうち》に踏《ふ》み切った。

　南アジアから東南アジアにかけてのほとんどの国は、17世紀から第２次世界大戦後までの約300年間、イギリスの支配《しはい》を受けるか、その強い影響《えいきょう》のもとにありました。15世紀に始まったいわゆる大航海時代《だいこうかい》に、ヨーロッパ諸国《しょこく》は広大で多大な人口を抱《かか》えるインドを「発見」、格好《かっこう》の市場として、競ってその貿易《ぼうえき》による独占的利益《どくせんてきりえき》を手に入れようとしたのです。

　その出先機関《でさききかん》として設立《せつりつ》されたのが各国の東インド会社で、早くも1600年にイギリス、ついでオランダ（1602年）、フランス（1604年）、さらにはデンマーク（1612年）などがそれに続きます。「東インド」とはいえ、その対象とする範囲《はんい》は、南アジアから東南アジアのほぼ全域《ぜんいき》にわたっていました。中でも南アジアに力を注いだのがイギリス東インド会社で、表向きはその名の通り貿易《ぼうえき》を行う商社でしたが、実際《じっさい》はイギリスの国《こく》益《えき》を独占的《どくせんてき》に代表し、あたかも本国の政府《せいふ》そのままに、植民地《しょくみんち》としてのインド各地の行政権《ぎょうせいけん》や徴税権《ちょうぜいけん》を握《にぎ》り、さらには軍備《ぐんび》までして商館を要塞化《ようさいか》して、インド内外の他勢力《たせいりょく》と戦いを交えたのです。

　政治上《せいじじょう》のみならず、経済面《けいざいめん》でも、インド産の綿布《めんぷ》やコショウを本国に送りこみながら、それらを買いつける費用《ひよう》はインドから徴収《ちょうしゅう》した税《ぜい》をあてるなどの厳《きび》しい支配《しはい》を続けました。これによって、綿工業《めんこうぎょう》をはじめとする南アジアの地場産業《じばさんぎょう》は壊滅的《かいめつてき》な打撃《だげき》を受け、人々の暮《く》らしはひどく貧《まず》しくなり、飢饉《ききん》も起こって、多くの人が命を落としました。

左—最も安価《あんか》で身近であり続けてきたリキシャ。その名は日本語の人力車に由来する。
交通規則《きそく》もどこへやら、他を押《お》しのけすりぬけて、どんな細い路地にでも入っていく
エネルギーは庶民《しょみん》の底力《そこぢから》である（インド・オールドデリー）。
中—イギリスはインドを支配《しはい》するため、大都市を結ぶ幹線《かんせん》道路をひらき、鉄道を敷《し》き、
大学をつくるなど、交通網《こうつうもう》や教育機関を整備《せいび》した。司法・行政《ぎょうせい》・立法における法整備《ほうせいび》と
改革《かいかく》を行うなど、インドが近代化を進めるうえでの功績《こうせき》もなくはなかった。
しかし現在《げんざい》、こうした幹線《かんせん》道路も圧倒的《あっとうてき》な人口爆発《ばくはつ》から渋滞《じゅうたい》が生じ、
法律上《ほうりつじょう》もさまざまな不備《ふび》が発生している（インド・コルカタ）。
右上—コルカタの中央市場。これもイギリスが整備《せいび》したもので、植民地《しょくみんち》時代の
レンガ造《づく》りの建物が歴史を物語る（インド・コルカタ）。
右—イギリス文化がもっとも色濃《いろこ》く残る19世紀末のインドの建物の一つが、
ムンバイーの「ボンベイ終着駅」である。
ヨーロッパ中世のスタイルを受け継《つ》いだ豪壮《ごうそう》な建築《けんちく》で、ヴィクトリア女王の名を
とってヴィクトリア・ターミナス（VT）駅と呼《よ》ばれていたが、
近年、イギリス支配《しはい》に抵抗《ていこう》したこの地の英雄《えいゆう》・シヴァージー（1627～80年）の名をとって、
チャットラパティ・シヴァージー駅とその名を変えた（© Arian Zwegers）。

【イギリスによる南アジアの植民地化《しょくみんちか》】

イギリスは最大ライバルのフランスを1757年に押《お》さえ、ベンガル地方をはじめとしたインド東部一帯の支配権《しはいけん》を獲得《かくとく》すると、次々と各地の植民地化を進めて、ついに1859年には、「インド帝国《ていこく》」の名のもとに、インドを完全に植民地化しました。そのときの地図を見ると、ほぼ全域《ぜんいき》がイギリスの支配下《しはいか》に入ってしまっていることがわかります。

上—インド北部の避暑地《ひしょち》・シムラーにあるイギリス総督《そうとく》の豪壮《ごうそう》な官邸《かんてい》。
当時の首都カルカッタ（現《げん》コルカタ）の暑さを避《さ》けて、夏は高地に移って政務《せいむ》に当たった
（インド・ヒマーチャルプラデーシュ州、著者撮影《ちょしゃさつえい》）。現在《げんざい》は国立の研究機関となっている。
右上—イギリス領《りょう》時代の高級アパート。フラットと呼《よ》ばれ、主として植民地官僚《かんりょう》が
住んだ。窓《まど》を大きく取ったベランダと、周囲にぐるりと建てまわしたバルコニーが
この時代の建築《けんちく》の特徴《とくちょう》で、明治《めいじ》時代の日本の洋館にまで大きな影響《えいきょう》を与《あた》えた
（インド・ケーララ州、著者撮影《ちょしゃさつえい》）。

ガーンディーと手《て》紡《つむ》ぎ綿《めん》布《ぷ》——手工業での村おこし

20世紀に入ると、イギリスによる厳《きび》しい植民地《しょくみんち》支配《しはい》から脱《だっ》するための独立《どくりつ》運動が始まります。イギリスに対する自治を求める運動は、1905年、反植民地運動の拠点《きょてん》であったベンガル地方を二分する策《さく》への抵抗《ていこう》として、イギリスからの完全な自治独立《どくりつ》(プールナ・スワラージ)を求める激《はげ》しい運動へと発展《はってん》・展《てん》開《かい》していきました。それに伴《ともな》い、外国産品をボイコットし、自国産品の生産と使用を奨励《しょうれい》する「スワデーシー」が叫《さけ》ばれ、自治の基礎《きそ》となる経済力《けいざいりょく》をつけるべきことが強調されました。さらにそれは、単なる政治経《せいじけい》済的《ざいてき》な次元を超《こ》えて、もっと精神的《せいしんてき》な、真理をつかもうとする思想の「サティヤーグラハ」として位置づけられたのです。

このような運動を、ことに1930年代以降《いこう》に推《お》し進めた一人が、マハートマー（偉大《いだい》なる魂《たましい》）と呼《よ》ばれ、バープー（お父さん）と慕《した》われたガーンディーです。「デリー（のような都会の暮《く》らし）を見ずして、村を見よ」と叫《さけ》んだ彼《かれ》は、身近な村の経済《けいざい》の立てなおしと補《ほ》強《きょう》こそが国の独立《どくりつ》に欠かせないと考え、最《さい》貧層《ひんそう》や差別を受け続けてきた階層《かいそう》の経済的《けいざいてき》自立を、昔ながらの手仕事による村おこしで図ろうとしました。

この運動の象徴的《しょうちょうてき》な行動は、手回しの糸車(チャルカー)で糸を紡《つむ》ぎ、綿布《めんぷ》を織《お》り上げて、イギリスの工場製《こうじょうせい》の輸入《ゆにゅう》商品に対抗《たいこう》することです。また布《ぬの》のみならず、日常《にちじょう》の生活に欠かせない紙や石けん、皮革製品《ひかくせいひん》、油、常備薬《じょうびやく》や化粧品《けしょうひん》なども、村で手に入る簡単《かんたん》な材料とやさしい技術《ぎじゅつ》とで、村落工業として手づくりされるよう試みられました。

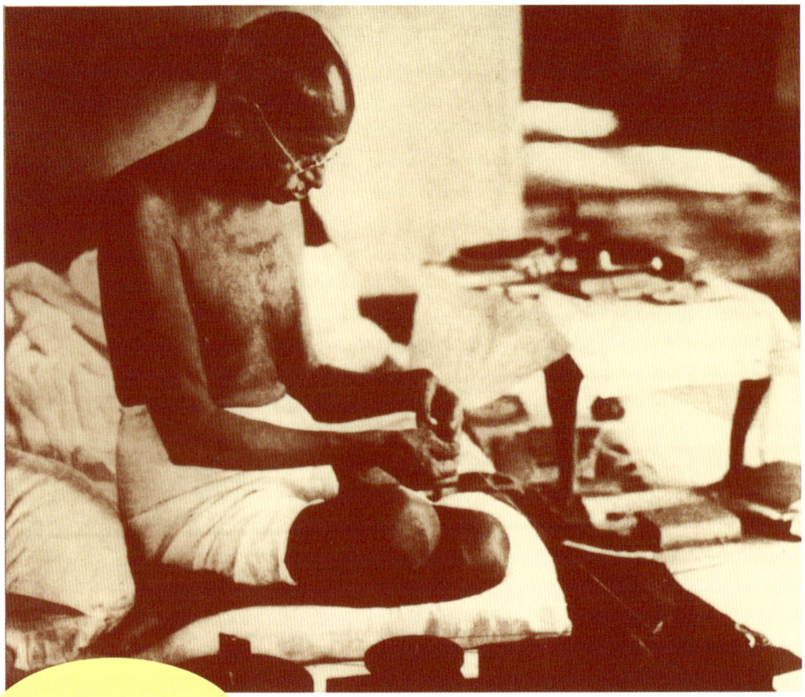

手《て》紡《つむ》ぎ綿《めん》布《ぷ》

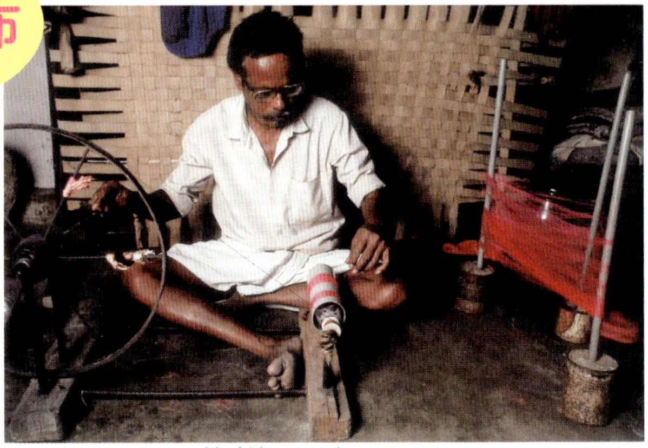

上—インド・ボンベイの寄留先《きりゅうさき》で糸を紡《つむ》ぐガーンディー。
自分で使うものは自分でつくる、という自立精神《せいしん》を唱え、
糸紡《いとつむ》ぎ機のチャルカーはそのシンボルとなった。

中—インド西部・グジャラート州のガーンディーの道場(アーシュラム)から
始まったこの自立運動は、やがて全国に広がった。ここでは南部の
職人《しょくにん》が、絹《きぬ》の色糸をチャルカーで紡《つむ》いでいる(インド・アーンドラプラデーシュ州)。

下—インド製《せい》の手紡《てつむ》ぎ綿布《めんぷ》。さまざまな色や風合いがある(アナンダ提供《ていきょう》)。

手《て》漉《す》き紙

上─村落工業の一つとして、手《て》漉《す》き紙の生産も試みられた。
1940年代までにはこの技術《ぎじゅつ》はほとんどすたれてしまっていたが、
ガーンディーらによって再《ふたた》び陽の目をみた。これは原料をかきまぜているところ。
原料は主として古布《こふ》。故紙《こし》を漉《す》きかえすことも多い(インド・マハーラーシュトラ州、著者撮影《ちょしゃさつえい》)。
右─漉《す》きふねから糊状《のりじょう》の原料をすくいあげる古式の方法で
紙を漉《す》きあげている若《わか》い職人《しょくにん》(インド・ラージャスターン州、著者撮影《ちょしゃさつえい》)。

【インド史を変えた「塩の行進」】

人々の暮《く》らしにとって塩は欠かせません。なのに塩は、植民地《しょくみんち》時代、イギリスによって専売化《せんばいか》され、インド人は塩の生産も販売《はんばい》も、厳《きび》しく禁止《きんし》されていました。この許《ゆる》しがたいやり方にガーンディーは異《い》を唱え、あえて禁《きん》をやぶって、自分たちの手で塩をつくろうと呼《よ》びかけ、1930年、78人の同志《どうし》とともに、グジャラート州の自らの道場から380キロメートルにもわたる道のりをへて、同州ダンディーの海岸に向かいました。

およそ25日かけて海岸に着いたときには、一行の人数は数千人にふくれあがっていました。ところが、イギリスの官憲《かんけん》は彼《かれ》らを手荒《てあら》く打ちのめし、数百人が重傷《じゅうしょう》を負ったり投獄《とうごく》されたりしました。それでもガーンディーは徹底《てってい》して、一切の抵抗《ていこう》をせず、逃《に》げもしない、という非暴力主義《ひぼうりょくしゅぎ》を貫《つらぬ》き、かえって全世界に、イギリスによるインド支配《しはい》の横暴《おうぼう》を訴《うった》えたのです。海岸で得た塩はほんのひとかけらでしたが、それはインド史を変え、世界を動かしたのです。

右上─カッチ湿原《しつげん》の塩湖《えんこ》(インド・グジャラート州)。かつて海底《かいてい》だったこの辺りでは、干上《ひあ》がって地表に塩が吹《ふ》き出ている。ニガリ(苦味)はかなり強い。
中─海辺や塩湖からの水を何度も煮詰《につ》めて塩を得る、伝統的《でんとうてき》な製塩法《せいえんほう》(インド・オディシャー州)。
下─塩の行進を率《ひき》いるガーンディーとその一行の銅像《どうぞう》(インド・ニューデリー)。

さまざまな手工芸

　第２次世界大戦後の1947年、インドはようやくイギリスからの独立《どくりつ》を果たしました。厳《きび》しい植民地政策《しょくみんちせいさく》によっていったんは壊滅状態《かいめつじょうたい》となった各地の伝統的《でんとうてき》な手仕事は、ふたたび見直しが叫《さけ》ばれるようになり、さらに社会が落ち着きを見せるようになった1970年ころ以降《いこう》、各地の手仕事は、ようやく復興《ふっこう》のきざしを見せるようになりました。美しいものへの関心は、あの厳《きび》しい植民地時代にも枯《か》れることなく、時代を生き抜《ぬ》いてきたのです。それは植民地支配《しはい》によって損《そこ》なわれてきた自民族のよりどころ、「心」を取り戻《もど》そうとするものでもありました。

　その技法《ぎほう》、かたち、デザインを伝えてきたのが、専門的《せんもんてき》な各職種《かくしょくしゅ》を絶《た》えることなく受け継《つ》いできた、いわゆる「職人《しょくにん》カースト」です。カースト（43ページを見よう）というと、えてして悪い面のみが強調されがちですが、ある職業《しょくぎょう》集団に生まれると、世代を超《こ》えてその技術《ぎじゅつ》を親から子に正確《せいかく》に伝えられたという利点もありました。

　加えて、結婚《けっこん》相手は同じカースト内から選び、しかもできるだけ遠い地域《ちいき》の人を選ぶ傾向《けいこう》は、同じ職種《しょくしゅ》の人同士互《たが》いに助けあい、かつ原料・製品《せいひん》を取引する市場《しじょう》の広いネットワークを確保《かくほ》することでもあったのです。

　衣服や染織《せんしょく》と同様、優《ゆう》に5000年の歴史を持つ陶芸《とうげい》や金工・木工などのさまざまな手工芸品も、さらに時代や地域《ちいき》の特徴《とくちょう》をはっきりと打ちだしつつ、いまなおさかんに作りだされています。古くからその特定の技術《ぎじゅつ》やデザインを受け継《つ》ぎ、再生産《さいせいさん》してきたのが各職種《かくしょくしゅ》の職業《しょくぎょう》集団であったことが、作品からも見てとれるでしょう。

上―ロクロで壺《つぼ》を作る陶工《とうこう》。
ロクロの下の円盤《えんばん》を左足で蹴《け》って回し、
時計回りに粘土《ねんど》を引き上げていく。
下―せっかくロクロできれいに引き上げても、
最後は大きなタタキというヘラで叩《たた》いて、あえて
でこぼこしたかたちに仕上げるのが面白い
（いずれもパキスタン・シンド州、著者撮影《ちょしゃさつえい》）。

右―鍛冶屋《かじや》が鉄板を叩《たた》いて作る打ち出しのフライパン。溶《と》かした鉄を型に流しこむ鋳造《ちゅうぞう》よりも、歴史が古い（インド・マッディヤプラデーシュ州）。

上―中国やイランの染《そ》め付けの影響《えいきょう》も見られる陶器《とうき》（パキスタン・シンド州、著者撮影《ちょしゃさつえい》）。釉薬《うわぐすり》をかけた陶器《とうき》はイスラーム（46ページを見よう）の影響《えいきょう》で始まり、500年の伝統《でんとう》を持つが、西部をのぞき、南アジアの他地域《たちいき》ではあまり作られなかった。

中左―数千年来この地方で使われてきた彩文土器《さいもんどき》を思わせる素焼《すや》きの水がめが、いまだに作られ、売られている（パキスタン・ペシャーワル、著者撮影《ちょしゃさつえい》）。

中右―パーティー用の大皿。この彩文《さいもん》も、先史時代以来ほとんど変わっていない（パキスタン・ラーホール、著者撮影《ちょしゃさつえい》）。

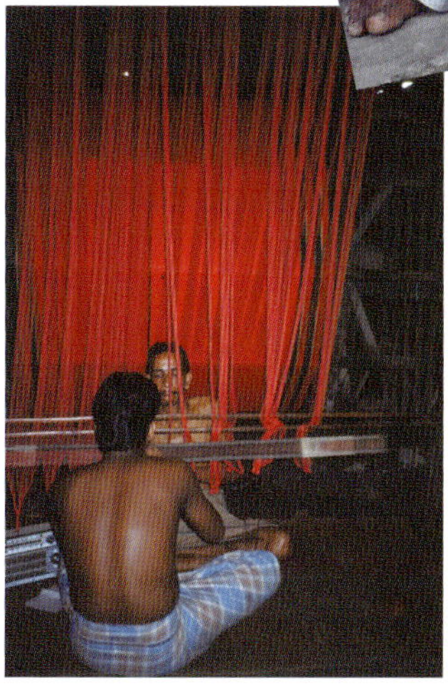

上―ロクロで脚《あし》や枠《わく》を削《けず》り出し、ブロック玩具《がんぐ》のように色鮮《いろあざ》やかな組み合わせで家具を仕上げる若《わか》い木地師《きじし》（パキスタン・パンジャーブ州、著者撮影《ちょしゃさつえい》）。

左端《ひだりはし》―紙粘土《かみねんど》を固めて作った貴重品《きちょうひん》入れの小箱に、金色や緑のラッカーで細かく美しい色づけをする青年。ここでもそのデザインにイスラームの強い影響《えいきょう》が見られる（インド・ジャンムーカシュミール州、著者撮影《ちょしゃさつえい》）。

左―かなり幅《はば》のある布《ぬの》でも単純《たんじゅん》な地織《じばた》で織《お》りあげる技術《ぎじゅつ》は大したものだ（インド・バナーラス、著者撮影《ちょしゃさつえい》）。

5 祈《いの》りと願い

ヒンドゥー教の祈《いの》り

下―聖《せい》なるガンガー川に身を沈《しず》めて身を清める女性《じょせい》。
この川の水は天上から流れてくると信じられ、
過去《かこ》に身に帯びてしまったすべての罪《つみ》と
けがれをはらってくれるという(インド・バナーラス)。

上・下―ガンガーとヤムナーという
二つの聖《せい》なる川が合流する
プラヤーガの地は、人々が訪《おとず》れる
最も重要な巡礼地《じゅんれいち》のひとつ。
ここでは12年に1度、満月から
新月までの一ヵ月にわたって、
ヒンドゥー教最大の祭、
クンブ・メーラーが行われる。
この期間中には、1千万人を超《こ》す
ともいう信者が集まってにぎわう
(インド・アラーハーバード)。

厳《きび》しい植民地支配《しはい》を受けても人々をつなぎとめてきたのは、人々の熱い祈《いの》りの心でした。「7日で8つの祭り」とか、「12カ月に13の祭り」といわれるほどに、いつもどこかで、各宗教《かくしゅうきょう》の信者たちによって祭りが行われているのが、この地域《ちいき》の特徴《とくちょう》です。

さまざまな宗教《しゅうきょう》のなかでも、ヒンドゥー教信者の数はおよそ9億人。南アジア最大の宗教《しゅうきょう》です。ヒンドゥー教の祭りがこの数千年来、毎日朝夕、また週や月の特定の日に決まって行われてきたのは、それだけ人々が、日々の暮《く》らしのかかわりのなかで多くの神々を信じてきたからです。また死後に幾度《いくたび》も生まれかわる輪廻《りんね》の思想や、不殺生《ふせっしょう》、ウシの崇拝《すうはい》、「カースト」として知られる身分制度《せいど》なども、その特徴《とくちょう》の一部です。

日本でも八百万《やおよろず》の神々というほどに多くの神様がいますが、天・地・地下のあらゆるものに宿っているとされるヒンドゥーの神々の数も、負けずおとらず多いのです。しかし、ある考え方によれば、どんなに多様な姿《すがた》で異《こと》なった力を発揮《はっき》しても、これらの神々は、じつはただ一つの存在《そんざい》のさまざまなあらわれにすぎないといいます。それがこの宗教《しゅうきょう》の、どんな異質《いしつ》なものでも受け入れて共存《きょうぞん》させてきた、寛容《かんよう》な特質《とくしつ》なのでしょう。そして人々は、これを堅苦《かたくる》しい宗教《しゅうきょう》というよりも、むしろ生活体系か社会体系、つまり日々の暮《く》らしの身近な指針《ししん》として守ってきたのです。

[南アジアの宗教《しゅうきょう》別人口]

インドの場合で見ると、ヒンドゥー教徒が8割《わり》以上、イスラーム教徒が約13%、キリスト教徒が約2%、シク教徒約2%、仏教徒、ジャイナ教徒がそれぞれ1%以下などとなっている。
しかし、パキスタンとバングラデシュのほとんどの人口がイスラーム教徒であることを加えると、南アジアでは全人口のほぼ4分の1がイスラーム教徒ということになる。

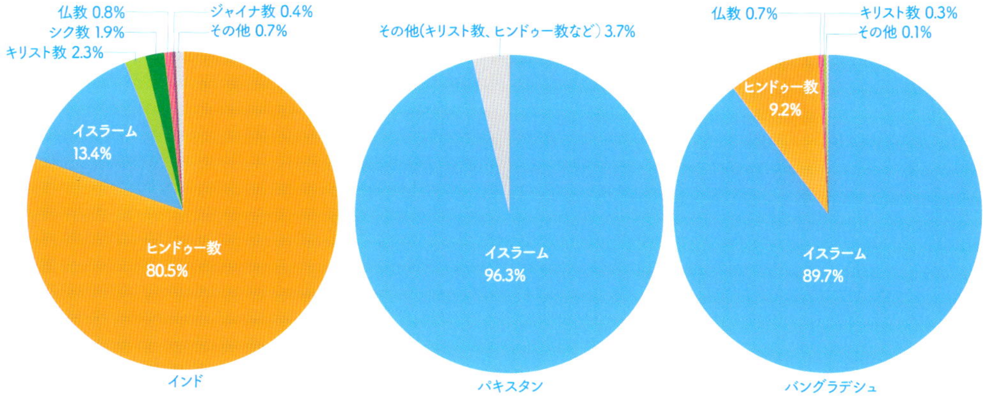

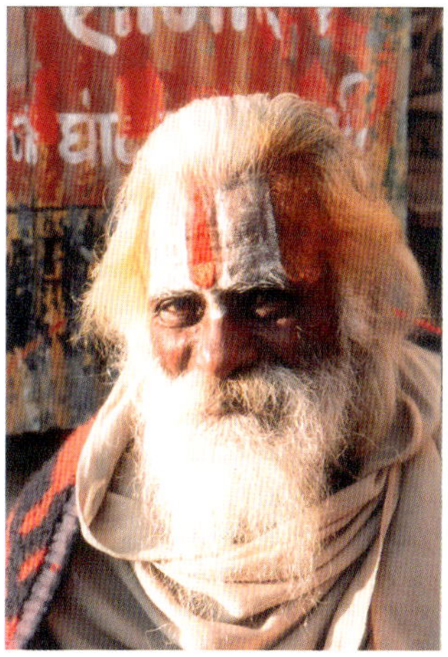

左―ガンガー川上流の聖地《せいち》リシケーシュには多くの修行僧《しゅぎょうそう》たちの庵《いおり》が立ち並《なら》び、巡礼《じゅんれい》の人波が絶《た》えない。この僧《そう》は、遠くアッサム州から歩いてこの地にやってきた(インド・ウッタラーカンド州)。
右―サードゥーというヒンドゥー教の修行僧《しゅぎょうそう》。信者から食を乞《こ》い、断食《だんじき》などの苦行《くぎょう》を通して悟《さと》りを得ようとするサードゥーは、バラモン(下のコラムを見よう)のような特定の階層《かいそう》に限《かぎ》られない(インド・ウッタラーカンド州)。
左下―中央の祭壇《さいだん》で護摩《ごま》(ホーマ)を焚《た》き、バターオイルのギーをくべて祈《いの》りの儀式《ぎしき》を行うバラモンたち(インド・マハーラーシュトラ州)。

下―額《がく》に入ったヒンドゥー神像《しんぞう》や聖者像《せいじゃぞう》は手元に飾《かざ》られ、人々に身近なものとなっている(インド・バナーラス、著者撮影《ちょしゃさつえい》)。

【カースト制度《せいど》】

カースト制度《せいど》とは、ふつうヒンドゥー教徒の信者に特有の身分制度《せいど》をさし、バラモン(僧侶《そうりょ》)・クシャトリヤ(戦士)・ヴァイシャ(商人)・シュードラ(農民)の4身分からなるとされています。ヴァルナと呼《よ》ばれるこの制度《せいど》には3000年を超《こ》える歴史があり、もともとは僧侶《そうりょ》の階層《かいそう》であるバラモンが、自分たち自身を最も清浄《せいじょう》な存在《そんざい》と位置づけた宗教的《しゅうきょうてき》な身分の区分であって、当初は必ずしも社会的な差別《さべつ》を表すものではありませんでした。

一方、それとは別に、その数、数千にも及《およ》ぶ専門化《せんもんか》された、生まれながらの職業別《しょくぎょうべつ》の集団(ジャーティ)があり、これも「カースト」と呼《よ》ばれることがあります。このジャーティとヴァルナは互《たが》いに微妙《びみょう》にかかわりあっていて、職業《しょくぎょう》の選択《せんたく》や結婚《けっこん》、また、異《こと》なるジャーティやヴァルナの間での水や食物などの受け渡しには制限《せいげん》があります。それに由来する不当な差別は1950年以来、インド憲法《けんぽう》によって厳《きび》しく禁止《きんし》されていますが、差別の問題は現在《げんざい》も、社会から完全にはなくなっていません。

ジャイナ教とシク教

ジャイナ教はインド独自《どくじ》の宗教《しゅうきょう》です。その起源《きげん》は仏教とほぼ同じころのおよそ2500年前で、ブッダと同様、王族であったマハーヴィーラが説き、武士《ぶし》や商工業者らの保護《ほご》を受けて発展《はってん》しました。信者たちは結《けっ》束《そく》して、マハーヴィーラら24人の祖師《そし》をあがめ、私《し》利私欲《りしよく》を捨てた禁欲主義《きんよくしゅぎ》と、虫１匹も殺さぬほどの不《ふ》殺生《せっしょう》の定めを含《ふく》むその教えを、いまも固く守りぬいています。

農業は虫を殺しかねないため行わず、商業や金融業《きんゆうぎょう》などをおもな職業《しょくぎょう》としてきましたが、その利益《りえき》は教育や企業《きぎょう》、病院・寺院の経営《けいえい》に当てられました。信者の数はインドの人口の１パーセントにも満ちませんが、経済界《けいざいかい》では重要な地位を占《し》め、最近のインドの経《けい》済発展《ざいはってん》に大きな影響力《えいきょうりょく》を発揮《はっき》しています。

ジャイナ教

上―人々から食物を受けてまわるジャイナ教の尼僧《にそう》たち。純白《じゅんぱく》の衣服に身を包み、虫を吸《す》い込《こ》まないようマスクをしている（インド・マハーラーシュトラ州）。

右―ジャイナ教徒は動物の愛護《あいご》に熱心で、朝一番に、鳥たちにえさをやる。無料で鳥や虫をも治療《ちりょう》する動物病院には、いつも数百もの「患者《かんじゃ》」がいる（インド・ニューデリー）。

左端《ひだりはし》―ジャイナ教第２代の祖師《そし》ゴーマテーシュワラの巨像《きょぞう》。衣服ですら個人《こじん》で持つことを認《みと》めない考えから、まったくの裸像《らぞう》で、立ったままの瞑想中《めいそうちゅう》に、蔓草《つるくさ》の蔓《つる》がのびて足や腕《うで》に巻《ま》き付いている姿《すがた》である（インド・カルナータカ州）。

左―開祖《かいそ》マハーヴィーラの誕生祭《たんじょうさい》を、こぞって祝う信者たち（インド・ニューデリー）。

シク教はグル・ナーナク(1469～1538年)を開祖《かいそ》とし、この世での行い(業《ごう》)が次の世に結果として現《あらわ》れるという考え(輪廻《りんね》)をヒンドゥー教から受け継《つ》ぐ一方、苦行《くぎょう》や偶像崇拝《ぐうぞうすうはい》を否定《ひてい》し、唯一絶対《ゆいいつぜったい》なる神の前ではみな平等であること(カーストの否定《ひてい》)を説くなど、イスラームの教えをも合わせて、熱心な信者を得ました。17世紀になると、当時インドを支配《しはい》していたイスラーム王朝のムガル朝の迫害《はくがい》にあって結束《けっそく》を固め、独自《どくじ》の軍隊もつくりました。出身の身分とは無関係にだれもがシン(ライオンの意味)と名乗ることや、長く伸《の》ばした髪《かみ》とひげ、ターバンに剣《けん》をもつ独特《どくとく》の姿《すがた》にその名残《なごり》が見られます。ひげとターバンといえばインド人男性《だんせい》の一般《いっぱん》的《てき》なイメージですが、これはじつは、シク教徒の男性《だんせい》の典型的ないでたちなのです。

シク教

上―シク教の寺院内で、聖典《せいてん》「グラントサーヒブ」(「アーディグラント」ともいう)を読み上げる導師《どうし》。1430ページもあるこの分厚《ぶあつ》くて重い聖典《せいてん》は、これ自体がご神体であると考えられている(インド・パンジャーブ州)。
右上―インド北西部の都市アムリトサルにあるシク教の大本山《だいほんざん》。池の中に建ち、黄金に輝《かがや》く寺院の本殿《ほんでん》(インド・パンジャーブ州)。
右―一見リボンの少女のように見えるが、頭上の髷《まげ》をハンカチで縛《しば》ったシク教徒の少年。ひげが生えそろわないうちは、このような髪形《かみがた》となる(インド・ウッタルプラデーシュ州)。

ブッダはここボードガヤーの菩提樹《ぼだいじゅ》の下で悟《さと》りを開いた。ゆかりの宝座《ほうざ》に向かって祈《いの》りを捧《ささ》げるスリランカからの巡礼団《じゅんれいだん》(インド・ビハール州)。

【仏教のいま】

およそ2500年前、ブッダは北インドで仏教をおこし、その教えはアジア諸国《しょこく》から日本にまで伝わって、大きな影響《えいきょう》を及《およ》ぼしました。それにしてはいま、インドで仏教徒の占《し》める割合《わりあい》は、わずか0.8パーセントにすぎません。なぜこんなに少ないのでしょう。

戒律《かいりつ》の厳《きび》しいジャイナ教はしっかりとインドに根を下ろしたのに、より柔軟《じゅうなん》な仏教はむしろインドの外で発展《はってん》し、インドの中ではその教えや儀礼《ぎれい》は、ヒンドゥー教のそれとあまり区別がつかないようになってしまったのです。

ただし近年では、インドに仏教を再布教《さいふきょう》しようとするスリランカや日本からの動きがあり、また、カースト差別から逃《のが》れるため、ヒンドゥー教から仏教に改宗《かいしゅう》しようとする人々も増《ふ》えてきています。

イスラームの世界

イスラームは南アジアで２番目に大きな宗教《しゅうきょう》で、４人に１人がイスラーム教徒、人数では優《ゆう》に４億人にもなります。イスラームはおよそ1400年前、いまのサウディ・アラビアで預言者《よげんしゃ》ムハンマドが開き、アジアやアフリカに広く伝わりました。12世紀以降《いこう》、中央アジアや西アジアから相次いで入ってきたイスラームの波《なみ》は、やがて南アジアにも定着して、唯一神《ゆいいつしん》への信仰《しんこう》をはじめ、思想や社会・文化の上で大きな影響《えいきょう》を与《あた》えました。一日に５回の礼拝《れいはい》、決まった期間での断食《だんじき》、豚肉《ぶたにく》や酒を口にしないなど、その慣習《かんしゅう》は、衣服や食べ物のような暮《く》らしのすみずみから、音楽や絵画、建築《けんちく》にまで及《およ》んでいます。

近年、ヒンドゥー教徒とイスラーム教徒の衝突《しょうとつ》がニュースになります。しかし両者は、歴史的に見てもそう仲が悪いわけではありませんでした。村での近所付き合いにも見られるように、二つの宗教《しゅうきょう》で定められた暮《く》らしのあり方には、共通するものの方が多かったのです。いま見られるような対立は、宗教《しゅうきょう》に由来するというよりは、政治的《せいじてき》な動きのなかで起こる対立なのです。

上—中世イスラームの聖者《せいじゃ》・ニザームッディーン・アウリヤー（1325年没《ぼっ》）の墓廟《ぼびょう》で聖典《せいてん》のコーランを読む信者（インド・ニューデリー）。

左端《ひだりはし》—ムガル朝は16～19世紀にインドを支配《しはい》したイスラームの王朝。その第5代皇帝《こうてい》シャージャハーン（1592～1666年）の建てたインド最大のモスク（礼拝所《れいはいじょ》）、ジャーマ・マスジッド（インド・オールドデリー）。ここでは一度に数万人が礼拝《れいはい》できる。

左—ジャーマ・マスジッドでの祈《いの》りを終え、幸せそうにくつろぐ家族（インド・オールドデリー）。

上—礼拝前《れいはいまえ》に手足や口をゆすぎ、身を清める信者たち(インド・ウッタルプラデーシュ州)。
上右—聖者《せいじゃ》ニザームッディーン・アウリヤーの墓《はか》にお参りする信者たち。バラの花や、イスラームの象徴《しょうちょう》である平和を表す緑の布《ぬの》を墓《はか》に捧《ささ》げる(インド・ニューデリー)。

右—義務《ぎむ》づけられている1カ月におよぶ断食《だんじき》が明ける日の楽しみは、友人たちとともにテーブルを囲む豪勢《ごうせい》な夕食。ただし、その食材は、あらかじめ神にささげられたものでなければならない(インド・ムンバイー)。

上—チェンナイのサントメ教会で祈《いの》るインドのキリスト教徒(インド・タミルナードゥ州)。
右—「黄金のゴア」といわれるほど栄えたオールド・ゴアに残る古い教会。この地区の教会のほとんどが歴史的建築《けんちく》であるが、いまもミサのたびごとに、たくさんの信者が集まってくる(インド・ゴア)。

【キリスト教の伝来】

キリストには12人のお弟子《でし》がいました。そのうちの一人、聖《せい》トマスがインドまでやって来られて伝道をしたという言い伝えがあり、南インドのチェンナイに、彼《かれ》にちなんだサントメ(聖《せい》トマス)教会があります。そうであればインドのキリスト教は、じつに2000年以上の歴史があることになります。日本にも来られたフランシスコ・ザビエル(1506~52年)もインドに足跡《そくせき》を残していますが、当時ポルトガル領《りょう》となっていた西海岸のゴアは、日本からも天正少年使節《てんしょうしょうねんしせつ》が訪《おとず》れた(1583年、87年)、重要なところでした。

おわりに――南アジアを知る・学ぶ

まわりから中心を見る

南アジアと呼《よ》ばれる地域《ちいき》は、これまで、インドとかインド世界と呼《よ》ばれてきました。ここではなぜ、南アジアというやや聞きなれない言葉を使ったのでしょうか。

たしかに国としての現在《げんざい》のインドは、歴史的にも文化・地理的にも南アジア世界の中心を占《し》めていますが、南アジア地域《ちいき》の全体を見れば、北はヒマーラヤをはじめとする山岳《さんがく》地帯、また南はアラビア海とインド洋が、この地《ち》域《いき》の果てを区切っています。そして、まさにその区切りの先に、南アジアとは性格《せいかく》も気候風土も大きく異《こと》なる、西・中央・北・東・東南アジア世界の広がりがあるのです。

そうであれば、南アジアを知るためには、その外との境《さかい》にも目を向けて、そこから中心を見ることが大切です。まわりからの視線《しせん》が、かえってよく、中心の本質《ほんしつ》を映《うつ》すからです。

この巻《かん》でも、主として北の大陸部を見ていくにあたって、できるだけそのまわりにも目を配ろうとしました。そこでは、家畜《かちく》にたよる暮《く》らしや宗教《しゅうきょう》・社会に、西アジアからの影響《えいきょう》がみられるのがよい例です。

なお、インド南部からバングラデシュまでぐるりと海《うみ》沿《ぞ》いに広がる地域《ちいき》は、海を通じて他の世界と強く結びついていますが、次の巻《かん》で扱《あつか》うことにします。ただし、テーマによっては、5巻《かん》か6巻《かん》のどちらかにまとめて取り上げられていることもあるでしょう。それは、南アジア世界が一つであることの証拠《しょうこ》でもあります。

モノから背後《はいご》の考えへ

もうひとつ、この本で工夫《くふう》したことは、できるだけ具体的なモノや行いを取りあげ、それ自体について説明するとともに、それを通じてその背後《はいご》にある考え方を浮《う》き彫《ぼ》りにしようとしたことです。逆《ぎゃく》に言えば、モノや行いには、人々の思いや考え方が表にあらわれているのですから、目に見えない思いをいきなり理解《りかい》しようとするよりも、かたちあるモノを通じてその背後《はいご》の考え方をあぶりだす方が得策《とくさく》ですし、正しいやり方ではないかと思えるのです。

つい話が難《むずか》しくなってしまいましたが、例をとりましょう。わたしは若《わか》いころは考古学の発掘《はっくつ》をしていました。考古学者はそこで出てくる壊《こわ》れた土器片《どきへん》を手にして、その作り方や使いみち、またその時代や広がりの範囲《はんい》などを推理《すいり》し、パズルを解《と》くように、当時の暮《く》らしや人々の思いを読み解《と》いていくのです。

つまり、どんなことでもその背後《はいご》には、どうしてそのようなものが生み出され、あるいはそのような行いがなされるのか、そこにはきっとなんらかの理由があるはずです。その理由を見つけることが、本当の意味で、それを「知る」、ということなのでしょう。本書がそのための助けとなるなら、うれしいことです。

理解するということ—あとがきにかえて

●「留学」の先生たち

日本が 1ダースも入ってしまう大きさと、5000年以上にもわたる、それも地域ごとに異なる歴史。何百という言葉が話され、その数以上に異なる地域文化がぎっしりとひしめいている南アジア。その中に飛び込んで、この巨象を理解しようと 5年近くもインドやパキスタンに住みつき、それ以来いまだに、この世界を「理解」しようとして50年以上も取り組んでいます。しかし、考えるほどに、さらにわからなくなることばかり、というのが実情です。

そんなとき、思い起こされるのが、よそ者の私を分けへだてなく受け入れてくれたムラのひとたちです。事情が許す限りそこに長期に滞在しているうちに、彼らの行動様式と思考のパターンが少しずつ分かりかけ、分かりかけては崩れて、また振出しに戻る、という繰り返しでした。しかし、文字通り「留まって学ぶ」という留学は、ムラのひとたちと暮らしをともにすることですから、それによって、高いところから見下ろす「調査」とは違う、たくさんの教えを彼らから得ることができたのです。

インドのムラから大都市のコルカタに戻れば、1857年創立という植民地のにおいがいっぱいのカルカッタ大学大学院で、高名な教授陣による親身な研究指導が受けられました。大変贅沢でありがたい環境であったのに、毎日の暮らしのなかの日常的なモノや、ごく当たり前に出会う行為についてその背後にある意味を教えてくれたのは、むしろムラの人たちや、身近な隣人・友人たちでした。

事実に関わる正確な情報ならば、事典などを引けば検索できます。たとえば私自身も執筆者の一人でありながら、今回ものべ何百回となく、『南アジアを知る事典』(平凡社、新版 2012年)を引きました。それでもなお、間違いやはっきりしないことが見られるかもしれません。その時はどうぞ、事典などをひいて、確かめてみてください。ときにやや意外なその結果は、この本のなかにも反映されています。清潔・不潔と、浄《じょう》・不浄《ふじょう》とは、実は全く別の概念であることもそうで、そこから食事や用便の作法、衣服や住居のあり方、またいわゆる「カースト」の問題が関連していることがわかってきます。やや繰り返しになりますが、カーストには実は、浄・不浄観に基づく観念的なヴァルナ制と、伝統的な職業の世襲が基本となっているジャーティ制があって、差別を伴う前者(憲法で禁止しているのはこちらです)に対し、後者には社会制度として否定しがたいプラスの面もあるのです。そのどちらを指しているのかを明らかにするためには、誤解を避けるためにも、カーストなる言葉は、もう使わない方がいいかもしれません。

英語起源の「カレー／カリー」も、これではどんな料理を指しているのかわかりません。「チャツネ」(チャトニー)なるものも、隠し味ではなく、食事の合間にちょっとなめてみる付け合わせのことです。食器は、素焼きやバナナの葉のように、食後は捨ててしまえるものがよい。女性がみなサリーを着ているわけではない。「サティー」は殉死ではなく、貞淑な女性のこと。「ガンジー」は正しくはガーンディー(ケネディーをケネジーと発音するでしょうか?)。また固有名詞では、とくに地名が問題です。どうも

豊かに実るコムギ畑(インド・マハーラーシュトラ州)

豊富なくだものを路地で売る店(インド・チェンナイ)

日本では「ル」の音の前を伸ばす癖があるらしく、タミル、ペシャーワル、ジャイプルなどが要注意です。相手のことを少しでも正しく伝えることは、相手の文化を尊重し、尊敬することなのですから。

●なにげない行為のうらに

このインド世界を、調査するのでなく留学するのだ、この地の人々を先生として接し、そこから学ぶのだ、と意気だけは軒昂《けんこう》だったのですが、現実には何かと問題にぶつかって、悩みぬきました。詐欺や盗難にもあいましたし、ガイジンゆえに差別を受けたこともありました。それならばなおのこと、自分は彼らの一人となるべく、服装も食事も、その他さまざまなしきたりや行動様式も、彼らに合わせようと努力しました。しかし、なんということでしょう、そうすればそうするだけ彼らとの距離は増すばかりで、ついにはスパイ扱いされたり石をぶつけられたりして、やはり自分は日本人でしかありえないのだ、いやむしろ、日本人である私自身でなければならないのだ、ということにようやく気が付きました。

ガンガー川上流の聖地ハリドワールの岸辺に立つシヴァ神像(インド・ウッタラーカンド州)

日本が、欧米が、文化の上でインドに勝っているのではないのと同様に、インドにあこがれて崇《あが》めてしまうのも、これまた偏見なのです。日本での「常識」は、インドでは必ずしも「常識」ではありません。むしろ、ごく日常的なモノや行為のあるがままに接し、その意味、背後の考え方について、考えてみることが大切だと思うようになりました。

こうして、彼らがちっとも時間を守ってくれないのも、人工的な時計などという器具から自由だから、だとか、スリや盗難にあうのは、盗られるようなものを持っているほうが問題なのだ、とすら考えるようにもなりました。ガーンディーは、人が生きていく上での最低限以上のモノを持つことは窃盗《せっとう》行為である、とまで言いましたが、それはあまりに極端であるにしても、モノを持てる人と持たない人との関係を真剣に考えさせる言葉だと思います。なお、ガーンディーが「無抵抗主義者」であったかのようにも言われますが、これは全くの間違いです。彼ほど強い抵抗を、あの強大な大英帝国に対してぶつけた人はおりません。ただ彼は、その手段として、決して暴力をふるうことがありませんでした。その背後にはきっと、彼を育んだグジャラート地方に盛んであったジャイナ教の、不殺生《ふせっしょう》・非暴力の教えも息づいていたのです。

もう少し別の例を、日本の場合と比べながら挙げてみましょう。インドでめったに「ありがとう」の言葉を聞かないのは、本当にそれが「有り＋難い」場合にしか使わないから。ちょっとしたことにいちいち礼をするのは、「有り＋難い」すなわち「滅多にない」ことだと言っているわけで、かえって失礼千万なことでしょう。また、これもほとんど耳にすることがない「すみません」も同様で、大変なことをしてしまった、という後悔と反省を込めて、謝っても「済まない」のなら、「スミマセ〜ン」の一言で「済ませて」しまってはいけないのです。

善行や悪事は、当事者間の反応の如何にかかわらず、必ずそれは、輪廻転生《りんねてんしょう》する次の世に反映される「業《ごう》」として記憶されるとも言われます。あまりできすぎた解釈かもしれませんが、もっと単純素朴に、ともかくもこの世では正しく生きよう、というごく普通のことに尽きる、ということでしょうか。インド世界から学べることは、まだまだありそうです。終わりに、貴重な写真を提供してくださった大村次郷《おおむらつぐさと》さん、沖守弘《おきもりひろ》さんほか、多くの方々や諸機関にお礼申し上げます。

新聞を読む老人(インド・ラージャスターン州、沖守弘撮影)

5巻さくいん

ア

カ

サ

タ

ナ

ハ

マ

ヤ

ラ

ワ

［監修者］

クリスチャン・ダニエルス(Christian Daniels)

東京外国語大学アジア・アフリカ言語文化研究所教授

1953年、フィジー生まれ。オーストラリア人。東京大学大学院人文科学研究科博士課程修了。博士(文学)。専門は中国西南部と東南アジア大陸部北部の歴史。おもな著者・編書に、『雲南物質文化－生活技術巻』(雲南教育出版社、2000)、『四川の伝統文化と生活技術』(慶友社、2003)『貴州苗族林業契約文書匯編(一七三六～一九五〇年)』(全3巻、東京大学出版会、2005)、『中国雲南耿馬傣文古籍編目』(雲南民族出版社、2005)『中国雲南少数民族生態関連碑文集』(総合地球環境学研究所、2008)『論集モンスーンアジアの生態史　第2巻　地域の生態史』(弘文堂、2008)など。

［著者］

小西　正捷(こにし・まさとし)

立教大学名誉教授

1938年、秋田県生まれ。専門は南アジア考古学・文化人類学・文化史。
国際基督教大学教養学部人文科学科を卒業後、インド・カルカッタ大学大学院修士課程修了、東京大学大学院社会学研究科博士後期課程単位取得退学。法政大学助教授・教授、立教大学教授、インド国立高等学術研究所員を歴任。西アジア・東南アジアなどの周辺地域との関係も視野に、インダス文明研究や、民間儀礼・芸能・工芸などを通じて、南アジアの文化の深層を探究する。おもな著書に『インド民芸　民俗のかたち』(木耳社、1977年)、『多様のインド世界　人間の世界歴史 (8)』(三省堂、1981年)、『インド民衆の文化誌』(法政大学出版局、1986年)、『ベンガル歴史風土記』(同、1986年)、『インド民俗芸能誌』(同、2002年)、Hāth-Kāghaz – History of Handmade Paper in South Asia (Aryan Books International, 2013)、共著に『インダス文明　インド文化の源流をなすもの』(NHKブックス、1980年)、『インド世界の歴史像　民族の世界史7』(山川出版社、1985年)、『インド・大地の民俗画』(未来社、2001年)、『知られざるインド　儀礼芸能とその造形』(清流出版、2007年)、編著に『もっと知りたいパキスタン』(弘文堂、1987年)、『インド　暮らしがわかるアジア読本』(河出書房新社、1997年)、『南アジア史〈1〉先史・古代　世界歴史大系』(山川出版社、2007年)、『新版　南アジアを知る事典』(平凡社、2012年)、Konārka-Chariot of the Sun-God (D. K. Printworld, 2007)、Jaisalmer – Life and Culture of the Indian Desert (D. K. Printworld, 2013)ほかがある。

［**参考文献**］小西正捷ほか『インダス文明　インド文化の源流をなすもの』(NHKブックス、1980年)／小西正捷編『インド　暮らしがわかるアジア読本』(河出書房新社、1997年)／バール＝クリシェン　ターパル著・小西正捷ほか訳『インド考古学の新発見』(雄山閣出版、1990年)／ロミラ＝ターパル著・小西正捷ほか訳『インド史』(みすず書房、1970年)／辛島昇編『インド世界の歴史像　民族の世界史7』(山川出版社、1985年)／岩立広子『インド　大地の布』(求龍堂、2007年)／沖守弘・小西正捷『インド・大地の民俗画』(未来社、2001年)／小西正捷ほか編『インド・東南アジアの文様　世界の文様』(小学館、1991年)／沖守弘『インド・祭り』(学習研究社、1988年)／小西正捷・宮本久義編『インド・道の文化誌』(春秋社、1995年)／小西正捷・佐藤宗太郎『インド民芸　民俗のかたち』(木耳社、1977年)／小西正捷『インド民衆の文化誌』(法政大学出版局、1986年)／小西正捷『インド民俗芸能誌』(法政大学出版局、2002年)／辛島昇・大村次郷『海のシルクロード　中国・泉州からイスタンブールまで　アジアをゆく』(集英社、2000年)／ジャケッタ・ホークス著・小西正捷ほか訳『古代文明史』(みすず書房、1978年)／小西正捷・沖守弘『知られざるインド　儀礼芸能とその造形』(清流出版、2007年)／鈴木正崇編『神話と芸能のインド　神々を演じる人々　異文化理解講座9』(山川出版社、2008年)／小西正捷『多様のインド世界　人間の世界歴史 (8)』(三省堂、1981年)／アフマド・ハサン　ダーニー著・小西正捷ほか訳『パキスタン考古学の新発見』(雄山閣出版、1995年)／国立歴史民俗博物館編『東アジア中世海道　海商・港・沈没船』(毎日新聞社、2005年)／小西正捷『ベンガル歴史風土記』(法政大学出版局、1986年)／グルショドイ・ドット著、小西正捷訳『ベンガル民俗芸術論　活きている美の伝統』(穂高書店、1996年)／小西正捷ほか編『南アジア史〈1〉先史・古代　世界歴史大系』(山川出版社、2007年)／辛島昇・応地利明・小西正捷ほか監修『新版　南アジアを知る事典』(平凡社、2012年)／小西正捷編『もっと知りたいパキスタン』(弘文堂、1987年)／プラフルラ・モハンティ著・小西正捷訳『わがふるさとのインド』(平凡社、1990年)／プラフルラ・モハンティ著・小西正捷訳『わがふるさとインドの変貌』(平凡社、1992年)

企画――眞島建吉(葫蘆舎)／渡邊 航(小峰書店)
編集――渡邊　航
ブックデザイン――佐藤篤司
協力――大村次郷
図版――有限会社ジェイ・マップ(白砂昭義)

アジアの自然と文化⑤

綿・家畜からみる南アジア

［インド北部～西部・パキスタン］

NDC290　51P　29×22cm
ISBN978-4-338-27305-3
2014年4月2日　第1刷発行

監修者――クリスチャン・ダニエルス
著者――小西正捷
発行者――小峰紀雄
発行所――株式会社 小峰書店　〒162-0066 東京都新宿区市谷台町4-15
電話――03-3357-3521　FAX　03-3357-1027
HP　http://www.komineshoten.co.jp/
印刷――株式会社 三秀舎　**製本**――小高製本工業株式会社

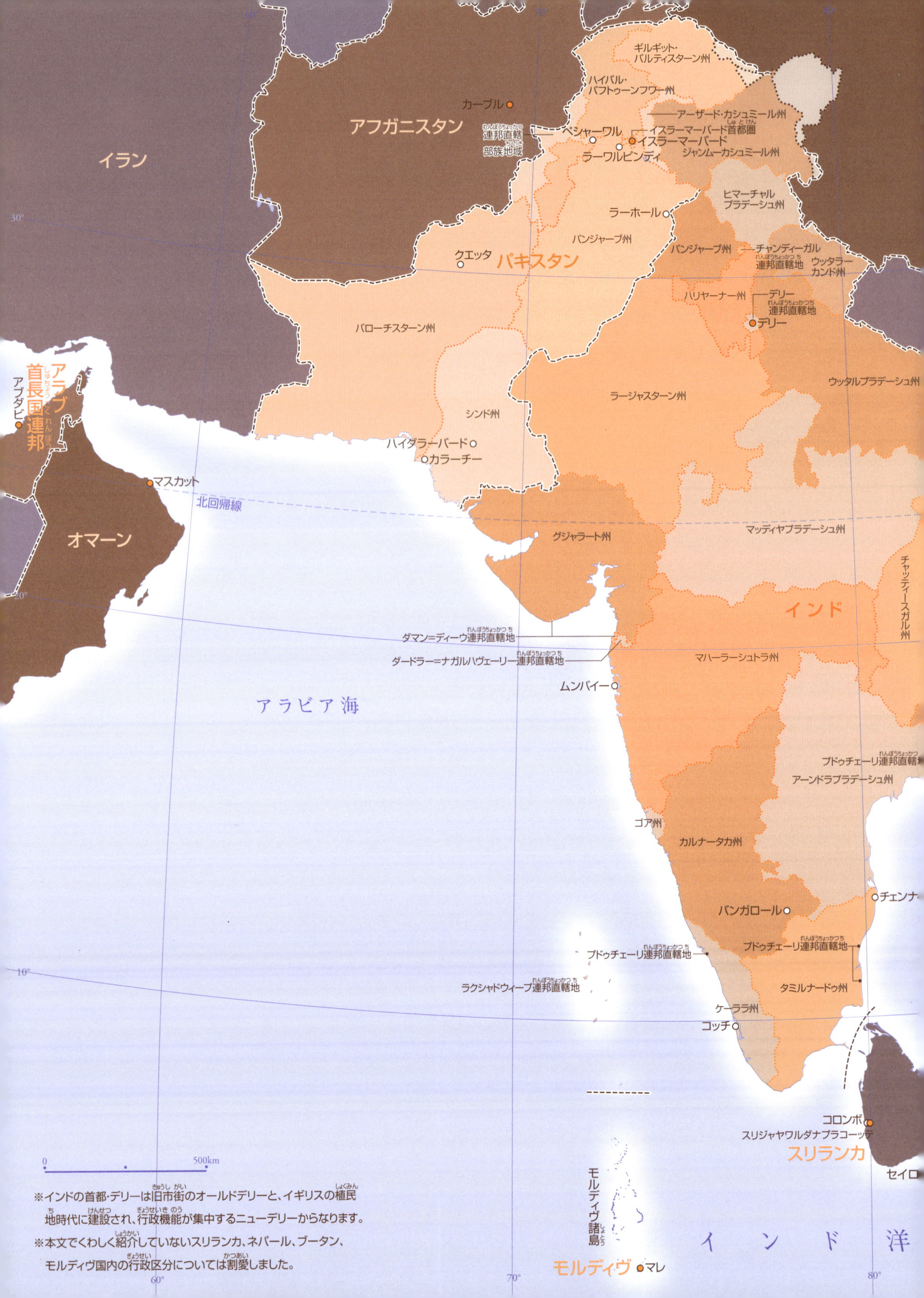

※インドの首都・デリーは旧市街《きゅうしがい》のオールドデリーと、イギリスの植民《しょくみん》地《ち》時代に建設《けんせつ》され、行政機能《ぎょうせいきのう》が集中するニューデリーからなります。

※本文でくわしく紹介《しょうかい》していないスリランカ、ネパール、ブータン、モルディヴ国内の行政《ぎょうせい》区分については割愛《かつあい》しました。